学校司書と授業を共に

……学校図書館活用の授業は「分かる授業」「楽しい授業」「個に応じた授業」で「考える力」を伸ばします。……

学校司書と協働を

小・中学生の頃，図書館を使った授業の思い出もなく，正直，授業イメージが湧かない

そうですね。昔，図書室はあったけど，本も少なく部屋は薄暗くて閉まっていることも多かったのです。

最近は，中学生・高校生向けの専門図鑑等も出版されたり，図書購入予算も増えて学習に活用できる本も揃ってきつつあるので，イメージも変わり始めています。

それに，一番大きく変わったのが，学校司書の配置・常駐です。図書館の専門家がいることで，図書館内が整備され，表示も見やすく，どこにどんな本があるか分かりやすくなりました。

また，休み時間には，子どもたちがどんな本を読めばいいか相談に来たり，図書館が居場所になっている子どももいます。

なにより，本の専門家ですから，先生方が授業で使いたい・参考にさせたい・調べさせたい・生き方を考えさせたいという願いに，どんな本が用意できるかと一緒に検討できます。また，授業の流れの中のどの場面でどのように紹介すると効果的かなど，紹介の役割分担も相談できます。

子どもたちが自ら学びに向かい，本好きになるよう導く様々な手立てなども一緒に考え工夫していけます。

学校司書の願い

忙しそうで，話しかけられない

学校司書は一人で仕事をしています。多くの場合，非常勤職員ですから勤務時間も短く，学校司書にとっても教員に声をかけることが難しい状況もあるのです。

しかし，学校司書は教員と話したい・学校図書館を使ってほしいと切実に願っています。子どもたちに図書館にもっと来てほしい・本を手にとってもらいたい，その子にあう本を手渡したい……。

お互いに忙しい毎日。職員室から教室に向かう途中で図書館へ，……廊下で出会う時にはお互いに，あいさつを交わしましょう。まずはそこからスタートです。

さぁ，学校図書館へ

学校図書館は，知識の宝庫であり豊かな心を育むところです。言葉を知り，使える言葉が増え，学び方を学びます。先人の生き方を深く知り，調べる学習をスパイラルに繰り返していく中で，思考力・判断力・表現力も培われます。

○学校図書館の図書の配架や貸出方法・読書記録の付け方等の指導（繰り返し指導が必要）○○○→○○○→○○

○学年に応じた指導・図鑑の使い方（目次・索引の利用）・百科事典の使い方・年鑑の見方と使い方等

○ICT活用や目的に応じた情報・メディアの利用法

○国語辞典・漢字辞典の使い方の指導でも，学校図書館を活用できます。

○新聞の活用や新聞の作成は学校図書館で行う。

○著作権と情報モラルの指導も，学校図書館を活用

4月・学校図書館オリエンテーションを全学級で実施。6〜7月の読書月間や夏休み前に読書指導を行う

学校図書館の活性化

そもそも，学校司書の仕事はどんな内容があるの？

①学校図書館の施設・設備・資料等の整備と管理及び学校図書館の運営

②本の貸出・蔵書管理・ガイダンス・情報サービス・読書推進活動

③「教育指導への支援」

○授業のねらいに沿った図書館資料の紹介準備・提供

○学校図書館を活用した授業を行う司書教諭や教員との打ち合わせ

○学校図書館を活用した授業への参加

○学校図書館活用事例に関する教員への情報提供

○図書委員会活動・読書クラブ等への支援

○移動教室・文化祭等の学校行事に関わる資料の掲示・提供

○調べる学習に関する支援等

なぜ，繰り返し指導するの？

☆学校図書館の図書の配架は，日本十進分類法（NDC）で並べられています。この並べ方は，多くの公共図書館も同じです。どの図書館に行っても使える，大人になっても使える方法なのです。

情報活用能力育成指導は学校図書館で

○見学記録の取り方，インタビューの仕方や調べる学習の方法も図書館資料活用で

学校図書館利活用シリーズ 2

自ら深く考える学びの指導手引き

SCHOOL LIBRARY

押上武文・小川博規
【編著】

学文社

執 筆 者

*押上　武文　　日本学校図書館学会顧問
　　　　　　　　元昭和女子大学教授

*小川　博規　　元全日本小学校学校図書館研究会会長
　　　　　　　　元荒川区学校図書館支援室長

出井　玲子　　荒川区立第五峡田小学校長
山内　由希　　荒川区立汐入東小学校主任教諭
三浦　希望　　荒川区立汐入東小学校学校司書
小長谷啓子　　荒川区立峡田小学校司書教諭
奥家　敦子　　荒川区立尾久西小学校学校司書
中村　優太　　荒川区立赤土小学校主任教諭
鳥海　裕美　　荒川区立第二日暮里小学校学校司書
高原　利恵　　荒川区立第六日暮里小学校主幹教諭
加藤　沙織　　荒川区立第六日暮里小学校教諭
福島　礼子　　荒川区立ひぐらし小学校主任教諭

（＊は編者）

はじめに

　本書は，各教科等の学習で今日求められている課題を探求する力や知識・技能を活用する力を育成する指導の創造を目指したものです。

　何よりも児童自ら学習活動の質を高めることが重要ですから，授業者と学校司書が協働して学校図書館を有効に利用し図書館資料の適時適切な活用を促す確かな指導の工夫を図ろうとしています。課題を探究する過程は，各教科等の特質に応じた「学習のプロセス」（つかむ→調べる→まとめる→伝え合う）を基本として柔軟に展開します。学習過程の骨子は①つかむ—課題を疑問や関心から探し，決め，学習計画を立てる。②調べる—情報を収集し読み，引用・要約して書き出す。③まとめる—比較・分類・関連付けて整理し，組み立てて書き表す。④伝え合う—発表し，話し合い，展示するなど，級友と共有し物事の本質を極めようとする，4過程です。

　また，課題設定から解決までの学習プロセスにおいて，類推，要約，比較，分類，関係付けるなどの「考えるための技法」を大切にするとともに，何を・どのように考えさせるかを重視し，思考ツールを可視化して全ての児童の資質・能力を高めようと意図しています。

　さらに，情報活用能力を育成することが重要であり，とりわけ学校図書館に関わる利用の仕方や図書館資料の活用方法を身に付けさせることです。

　以上の概念的な趣旨は見返しページの「学校司書と授業を共に」，「確かな学校図書館利活用授業の展開のために」の文図で提示し，具体的には各章の「学校図書館ナビ」「各単元の記述」の中に例示されています。

　最近，辞書が引けない中学生，文章の意図は読み取るが，資料の読み取りや自身の意見を書けない高校生という実態に鑑み，第1〜3章で活用・探究の学習において国語事典・年鑑などを取り扱う基礎的・基本的な学習単元を設定したのは，確かな習得を徹底させたい願いからです。各学年の単元配列は，児童の発達に沿って，月や時期の特性によって構成されています。

　最後に，巻頭で掲載した「学校図書館利活用を学校全体で取り組むために」は，学校図書館の館長として校長のリーダーシップの下に，カリキュラムマネジメントの推進を期待してやまないからであります。

令和元年7月6日

押 上 武 文
小 川 博 規

目　　次

序章　学校図書館利活用を学校全体で取り組むために ………………………………… 1
　　1　校長のリーダーシップの在り方 ……………………………………………… 1
　　2　カリキュラム・マネジメントの推進 ………………………………………… 2
　　3　学校図書館利活用の実践〜「読む楽しさ，調べる喜び」の継続〜 ………… 3
　　4　まとめ・今後の課題 …………………………………………………………… 4

第1章　学びをつくる低学年 …………………………………………………………… 5
　Ⅰ　低学年のための学校図書館活用ナビ
　　　―学校図書館オリエンテーションは確実に― …………………………………… 5
　Ⅱ　指導事例 ………………………………………………………………………… 8
　　1　本の紹介文を書こう（1年）………………………………………………… 8
　　2　音読を楽しもう（1年）……………………………………………………… 12
　　3　想像を広げながら読もう（1年）…………………………………………… 15
　　4　登場人物を考えながら読もう（1年）……………………………………… 19
　　5　気持ちを考えながら読もう（1年）………………………………………… 23
　　6　図書館資料を活用しよう（1年）…………………………………………… 27
　　7　学校図書館を利用しよう（1年）…………………………………………… 31
　　8　お話をつくろう（1年）……………………………………………………… 35
　　9　朝顔の観察をしよう（1年・きれいにさいてね）………………………… 40
　　10　行動に気をつけて読もう（2年・きつねのおきゃくさま）……………… 44
　　11　だいじなことをおとさずに読もう（2年・たねのたび）………………… 46
　　12　読書を学ぼう（2年・ことばを集めよう）………………………………… 48

第2章　学びを高める中学年 …………………………………………………………… 51
　Ⅰ　中学年のための学校図書館活用ナビ―読書の世界を広げ・読む力をつける― … 51
　Ⅱ　指導事例 ………………………………………………………………………… 54
　　1　国語辞典を使おう（3年）…………………………………………………… 54
　　2　次のステージへ（3年）……………………………………………………… 58
　　3　漢字辞典を使おう（4年）…………………………………………………… 63
　　4　読書の幅を広げる（4年）…………………………………………………… 67
　　5　消防の仕事と人々の協力（4年）…………………………………………… 72

第 3 章　学びを深める高学年 ········· 75
- Ⅰ　高学年のための学校図書館活用ナビ ········· 75
- Ⅱ　指導事例 ········· 78
  - 1　調べる学習をしよう（5 年）十秒が命を守る ········· 78
  - 2　ICT を使って調べよう（5 年） ········· 81
  - 3　ICT を使って調べよう（5 年）国語科指導案 ········· 84
  - 4　年鑑を使って調べよう（5 年）「調べるための本」 ········· 86
  - 5　国語科学習指導案（5 年）年鑑を使って調べよう ········· 89
  - 6　移動教室・調べる学習を進めよう（5 年・高い土地のくらし） ········· 90
  - 7　台風と気象（5 年・理科・調べる学習） ········· 93
  - 8　お米カレンダー（5 年・社会科） ········· 97
  - 9　広がる読書（5 年） ········· 101
  - 10　調べる学習を進めよう（6 年）「説得力のある意見」 ········· 105
  - 11　歴史年表の指導（6 年・社会科） ········· 110
  - 12　伝記を読もう（6 年） ········· 115

学校図書館利活用を学校全体で取り組むために

○学校図書館先進校から学ぶ

　先日，全館冷暖房完備の公立小学校を訪ねた。昇降口間近に「メディアセンター」の表示の開放的な学校図書館スペースがあった。蔵書を始め，ICT 設備・視聴覚教材が揃っている。まさに「読書センター」「学習センター」「情報センター」としての機能を発揮していく施設・設備に目を見張った。蔵書数や多目的のオープンスペースなど素晴らしい環境に加え，これから学校全体で計画的に活用しようとしていることに，学校図書館の重視を理念とされていることを実感したところである。

　学校図書館利活用を学校全体で推進するために，現在本校で行っている実践及び課題を述べ，今後の方向性や可能性について考察する。

1　校長のリーダーシップの在り方

(1) 学校の実態

　児童数 509 名，教職員数 26 名。校内に 2 つある学校図書館は，「読書センター」「学習センター」と「情報センター」機能に分けられている。蔵書数は約 15,000 冊を有し，学校図書館図書標準を満たしている。図書の時間を確保し読書活動を推進しているが，「調べる学習」等への取り組みには課題がある。また，2 つの学校図書館が離れた場所にあることも課題の一つである。

(2) 学校図書館利活用の学校経営方針への位置付け

　文部科学省は，「学校図書館ガイドライン」や「子どもの読書活動に関する有識者会議論点まとめ」を通して，「学校図書館の館長は校長である」と明記している。このことを実効あるものとするためには，学校経営方針に学校図書館の利活用の意義を示し，具現化に向けた方針を明確に示すことが重要である。その上で，その取り組みを推進していく必要がある。

　以下，本校の学校経営方針（学校図書館利活用の推進）について示す。

①区の「学校図書館指針」を基に，学校図書館の利活用を推進し，児童の健全な教養を育成する。

②司書教諭を中心とした学校図書館部により，活用計画を企画・運営し，児童の「思考力・判断力・表現力」の育成を図る。

(3) 学校図書館利活用体制の確立（年度当初，教職員に以下のように方針を示している）

○学校図書館は，全ての教育活動の中で，全ての児童と教員が利用する教育設備・環境であること。

○ 学習指導要領に示されている「主体的・対話的で深い学び」の実現に向けた授業改善の視点において，学校図書館の機能を大いに生かすことができること。
○ 児童の主体的・自発的な学習活動や読書活動の充実に向けた取組例を示しながら，本校としてのアイディアあふれる活用に期待を寄せていること。
○ 児童は教員の新しい取り組みを楽しみにしていると，さらに付け加えた。

　本校では，「子どもの読書活動の推進に関する法律」第9条第2項に基づき，平成28年度～32年度「区子ども読書活動推進計画（第三次）」に依拠して，基本目標を「地域に根差した主体的な読書活動を推進し，『未来を切り拓く力』を育む」と定めた。こうした法的根拠，地域の要請に基づいて学校教育が行われていることを，まず，教職員に直接あるいは研修等の形で伝え，意識と知識をもたせることから始めている。

2　カリキュラム・マネジメントの推進～教科横断的な取り組みと学年横断的な学習の取り組み～

(1) 司書教諭と学校司書の協働・連携を推進する校長のリーダーシップ

　教職員全体への周知，意識改革を第一弾とすれば，学校図書館を活用した授業や関連した教育活動充実のための第二弾は，司書教諭と学校司書の有効な協働・連携である。この点についても，学校図書館長としての校長がリーダーシップを発揮することが重要であると考えている。
　区では，学校司書も週案簿のように，その週の学校図書館利活用授業数・読書指導時間数・貸出数や次週の教育的支援活動の予定・学校図書館関係イベント等の予定や司書教諭・各学年との打ち合わせ等を記載して，毎週校長に提出することになっている。これにより，自校の取り組みについての進行状況を把握し，司書教諭の週案簿も併せて検討して指示を出す。その上で，その結果がどうなったか報告を求め，検討し改善策を探るよう指導する。常に校長が見守り具体的に考えを示す中で，司書教諭・学校司書の協働・連携を深めていく基盤が構築される。

(2) 組織的な基盤を作る校長のリーダーシップ

　教育計画に基づく教育活動に，学校図書館利活用や読書活動の推進を位置付けるだけでは，全校が一体となった取り組みに到達しない場合がある。それらを推進していく組織的な保障が必要であり，この点でも校長の目配りが大きい。
　具体的には，司書教諭・学校司書・図書館部が，いかに学校全体の教育活動を把握し，各学年の学校図書館活用と読書活動を系統立てて指導に当たることができるかが鍵となる。自校の実態に応じた取り組みの推進のためには，司書教諭・学校司書の育成とともに，自校での学校図書館活用・読書活動推進の中で教員の共通理解と実践力を高めることにかかっているといっても過言ではないであろう。
　そうした共通理解と実践力を高める基盤は，司書教諭と学校司書の打ち合わせ時間の確保と図書館部会の定期的開催及び全体への周知である。そのためにも，この時間を週の時程の中で捻出し確保するよう，教務主任に指示する点が大切である。また，学年主任には，学年の「読

書の時間」の実施状況や調べる学習等への取り組みを把握し必要な助言を行うよう，あらかじめ示しておくことである。

(3) 区の人材育成と本校の取り組み

　人材育成に関して，区では，司書教諭・学校司書の研修システムが充実している。司書教諭は年6回，学校司書は約15回程度の研修会を外部講師を招聘し，区で実施している。司書教諭と学校司書の合同研修会もこの中に組み込まれており，他校との情報交換も活発である。その研修で得た情報や実践的な取り組みを参考にして自校に合うよう提案・紹介し，各学年が提案・紹介を基に取り組むことも増えつつあり，その取り組みを通して司書教諭・学校司書が鍛えられ，伸びてきている。

　例えば，学校図書館の整備・環境づくりとして，コーナーづくりがある。「新聞情報コーナー」「英語の本コーナー」などを設置し，それぞれ「読解力・思考力向上」「英語教育の推進」と位置付け，教員に意識させることにより，児童の関心も高まり，それぞれの推進に寄与している。今後は，「オリンピック・パラリンピック」関連コーナーや児童相互に読書の感想を伝え，紹介し合うコーナー等，拡げていくことも構想している。

　しかし，必ずしも学校全体で意図的・計画的に取り組みが進行しているとは言い難い面も見られる。その原因の一つは，学校図書館部が作成した計画が，実際に各学年担任や各教科主任の意向を反映して組み込んだものになっていないことである。

　そこで，今年度は「実施した活動」・「できなかった活動」，「新たに組み込んだ活動」及び「計画したが不要と思われる活動」に分け，以下に示す「学校校図書館活用の年間計画」一覧表を作成した。この年間指導計画の実践から，課題と改善策を検討し，さらに充実を図る。

　学校図書館利活用は，各学年・各教科等の年間指導計画に位置付けられることから，全校の取り組みが始まる。常に課題を洗い出し，改善策を検討していく中で，共通理解から共通認識に，そして共通実践へ進むと確信している。

3　学校図書館利活用の実践～「読む楽しさ，調べる喜び」の継続～

　①とにかくやってみる（PD），②その上で分析する（C），③ねらいの達成や児童の反応・経過観察，評価を行い，④修正する（A）という，サイクルの反復・継続が，教員の力・自信・次への意欲となり，学校への信頼に繋がる。

　その際，前述したように，学校司書と各学年や各教科担当がよく話し合い，連携しながら互いの提案を取り入れるようにしていくことが重要である。研究校の実践研究が，自校の実態と教科指導に関連付けられるか等の吟味も，今後必要になる。

　「他教科との関連」「他学年の学習との関係」を提案・検証するのは，司書教諭と学校司書の出番である。学習に「深まり」と「広がり」をもたせ，学校全体の実践に繋げた実践例を，以下に示す。

図書委員会の取り組み　～読書活動・主体的な活動の充実
図書委員会児童による集会での読み聞かせ，雨の日の図書館での読み聞かせを実施した。事前の委員会活動で，公立図書館・図書ボランティアより，読み方や本の扱い方のコツ等のレクチャーを実施した。児童が，読書活動推進の担い手となり，主体的に活動を進める機会となった。

おすすめの本の紹介（3年生）→ビブリオバトル→（5年生）
3年生「自分で読んでみんなにおすすめしたい本」という学習を通し，読解力・説明する力を身に付け，発揮させる。→これを基に，5年生では，「相手が読みたくなる本の紹介の仕方を工夫する」学習を実施した。全てを説明せず興味・関心をかき立てる技の習得を意図し，3年生の指導からの学年横断的な取り組みを計画した。司書教諭・学校司書を中心として，学校全体で推進した。

4　まとめ・今後の課題

　これまでに，それぞれの問題点や解決策を述べたが，本校では，学校図書館を利活用するに当たり，その意義は理解されていても教育課程全体に関わる重要性の認識がやや希薄であった。

　学校図書館利活用のさらなる充実を図るため，司書教諭と学校司書を適切に生かしながら，教員同士が合理的にコミュニケーションを取るシステム等を確立する必要がある。例えば，各教科部会に学校図書館活用例を示す機能を加え，それを基に図書館部が教科横断的な活用案を作成する。案が作成され，関わる学年・教科で検討し，実践して全校に拡げ，次年度に繋ぐ。研究主任をそうした検討会に加わらせることにより，校内全体により周知・徹底できる基盤ができるのではないかと考えている。この点の検討と，次年度の計画の作成が課題である。

【平成30年度　学校図書館活用年間指導計画（抜粋）】

学年	教科	4月	5月	6月	7月	9月
行事等		学校図書館オリエンテーション		○読書月間	調べる学習・読書感想文	○校内コンクール
一年	国語	○おはなしきかせて		○かいてつたえよう	☆しっぽしっぽ	★おおきなかぶ ○としょかんへいこう
一年	生活		○きれいにさいてね		○なつだあそぼう	○いきものなかよし
二年	国語	○としょかんへいこう ★たろうのともだち	★できたらいいな ☆つばめのすだち	★このまえあったこと	★手紙をこうかんしよう ★あまんさんのへや	★夏休みの思い出 ☆なにをつたえようとしているの
二年	生活		☆大きくなぁれわたしのやさい		☆生きものなかよしだいさくせん	

第1章 学びをつくる低学年

Ⅰ 低学年のための学校図書館活用ナビ―学校図書館オリエンテーションは確実に―

1 組織的・計画的・継続的な取り組みとなるために

新年度の開館の準備が整ったら,全学年で学校図書館オリエンテーションを行う。年度当初に行うオリエンテーションは,主に学校図書館の使い方や貸出規則に関わる利用指導となるが,学年に応じて自ずと指導内容は変わってくる。

また,年間を通じて学校図書館が利活用されるためには,校内全体での周知徹底が重要なカギとなる。

(1) 学校図書館利活用のための各種年間指導計画は,「教育計画」に明文化する

学校全体で取り組むためには,全教職員の共通理解が欠かせない。

①学校図書館経営方針

学校長は学校図書館の館長としての役割も担っており,教育目標の達成を目指す学校全体の取り組みとしての方針を示す。

②学校図書館活用全体計画

学校図書館の運営・組織・活用・整備・評価等について作成する。

③学校図書館活用年間計画

各教科等の年間指導計画の中に学校図書館活用を位置付ける。

④学校図書館運営計画

運営組織(司書教諭・図書主任・学校司書・図書館部員)の役割分担やボランティアとの連携等について作成する。

⑤読書活動や情報教育に関わる年間指導計画

学年ごとに,読書指導や図書館資料の活用が円滑に進められるように作成する。

このほかに,「図書の時間」の過ごし方や学校図書館のきまり等の図書館利用のための細目も明文化しておく。

また,これらの計画は,年度ごとに見直し,改善する。

(2) 年度当初に,教職員向けの校内研修会を実施する

異動してきた教員や新任教員のために,学校図書館の機能や活用方法を説明する。

①教職員向けの利用案内(配架のしくみや貸出規則　等)

②学校図書館に関わる各種年間指導計画の説明

③前年度の学校図書館利活用実績の紹介
④「図書の時間」の使い方
⑤司書教諭・図書主任・学校司書の役割と学校図書館行事

このほかに，読書感想文の書き方指導やブックトークの研修会も必要。

(3)「図書の時間」を有効活用する

低学年は「図書の時間」として，週１回，授業として確実に実施する。自由読書ではなく，どんな本を手に取らせ，読ませるのかを学年に応じて指導する（事前に，担任が学校司書に相談することが大切）。

また，各教科等の指導や情報活用能力を育成（図鑑・百科事典の活用指導等）する時間としても重要である。

(4) 利用指導は司書教諭・担任・学校司書が協働して

学校図書館オリエンテーションでは，学校図書館の使い方は担任，配架のしくみや貸出規則等の専門的な内容は司書教諭と学校司書，というように分担して利用指導する。

また，各学年で，学校図書館オリエンテーションの学習指導案（略案）が作られていると，計画的に指導することができる。教育計画に明文化しておくことが望ましい。

低学年の児童には，基本的な利用方法を学び覚えるだけでなく，学校図書館は楽しくて学習に役に立つ場所だと感じられるようにすることが重要である。

2　１年生へのオリエンテーション

１年生は，１学期が終わるまでは読み書きもおぼつかないことが多い。このため，何段階かに分け，年に数回行う必要がある。

また，「学校図書館利用のきまり」を作成し，配布する。ワークシートのように，児童が書き込む部分が多いと楽しく進めることができる。例えば，イラストや配置図を描いて，正しい本の扱い方に○を付けさせたり，好きな絵本が置いてあった所に色を塗らせたりする。

(1) 学校図書館のやくそくを守る

　図書館に慣れていない1年生には，まず，図書館でできることやしてよいことを考えさせる。本を読んだり，調べたりする場所だから，静かに過ごすこと，飲食はしてはいけないこと，学校司書が配置されている学校なら，本のことで分からないことがあればいつでも相談できることなどを伝える。

(2) 本の正しい扱い方を覚える

　本は学校のみんなが使うものだから，一人ひとりが約束を守って大切にしなければならない。
①本を書架から取り出すときは，真ん中を持つ。背表紙の上に指をかけて取り出さない。
②読みかけのときは，しおりを使う。
③本を破いてしまったら，セロハンテープは使わずに，そのまま先生に伝える。（本の修理は，専用のテープを使う。）
2学期からは，
④絵本のラベルを見て，正しい場所に返す。
※繰り返し指導し，確実に身に付けるようにする。

(3) 貸出規則を知る

　貸出冊数・期間と貸出・返却の方法について説明する。
①貸出手続きをしてから借りる。
②返す日を守る。
③本のまた貸しはしない。
　まず，本の世界の楽しさや面白さに触れさせることが一番である。

3　2年生へのオリエンテーション

　1年生は絵本のほかに昆虫や恐竜の本が置いてある4類を，2年生は更に7類（スポーツや工作）や9類（物語）などの配架場所を理解させる。
　また，生活科と関連して，公共図書館との違いを合わせて指導する。

(1) 本の並び方を知る

　家の本と違って図書館の本には背表紙にラベルがあり，本の住所を示すこと，本の内容によって0から9に仲間分けされて書架に並んでいることを説明する。
①同じ数字の所には同じ仲間の本が集まっている。
②本は正しい場所に戻さないと，次に借りたい人が本を探せないことを知る。本

探しゲームを行うとよい。
　　③並び方のきまりを知っていれば，全国の図書館で本を探すことができる。

(2) 本で調べるための方法を理解する
　　生活科で生き物の観察をしたり，調べたりする機会が増える。また，知識絵本や調べるための本を利用することも多くなるので，図鑑の引き方や目次と索引の使い分けを指導する。
　①図鑑の種類やどのように調べたらよいのかを知る。
　②目次と索引を使い分けて，自分の調べたい生き物を調べる。
　③国語辞典（低学年用）の見出し語の並び方ときまりを知り，意味が分からない言葉を調べる。
　④自分が調べたい項目を「情報（記録）カード」に短い言葉で書く。調べた本の書名や調べたページも忘れずに書く。

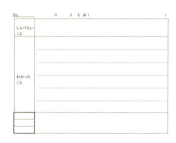

II　指導事例

1　本の紹介文を書こう（1年）　　　　　　　7月指導

　　単元名　　かきとめて　おこう『わたしの　よんだ　本』

1　目　標
　○友達の書いた読書カードをもとに，本を選んで読書をしようとする。
　○日本や外国の昔話や民話について，いろいろな本を読んで，おすすめの本を選び，その本のおもしろさを友達にわかりやすく紹介する。

2　学校司書と担任の連携ポイント
　①児童が楽しんで読むことのできそうな本を移動書架に備えて，教室で積極的に活用し，たくさんのお話に出会えるようにする。
　②読書活動年間計画を基に，教科指導の中で学校図書館を有効に利活用し，授業改善を図りながら考えを深める力を養う。
　③図書館資料を使うための基本的な知識を学校図書館活用ノート等を使って学習する。
　④図書館蔵書の分類法を学習する。日本十進分類法と館内の配置について指導する。
　⑤日常的に本を手に取ることができるようにするために，公共図書館の集団貸出も含めてブックトラックを活用し，学級文庫を整備しておく。

3　学習の流れ　「10時間扱い」

（○指導のポイント　●学校図書館利活用のポイント　☆交流のポイント　△指導形態・方法）

1　つかむ（3）
○本の紹介発表会の見通しをもつ。
・学習のめあて，流れを知る。
・教科書の本文を読む。
・本の紹介を聞き，本の紹介方法を知る。
●自分の読書歴を振り返る。
○昔話や民話のおもしろさを味わう。
△日本や外国の昔話や民話の紹介や素話を聞く。
☆気に入った本を読み，感想を交流する。
△昔話クイズやアニマシオンをする。
○読書カードの書き方を知る。
●読書カードには，本の題名と書いた人の名前を書くことを知る。
○他に何が書いてあれば，友達にこの本を読んでみたいと思わせられるかを考える。
○読書カードに必ず書くことは何かを確かめる。

2　調べる（3）
○自分が読みたい昔話や民話を自分で読む。
○素話や読み聞かせ，担任のブックトークを聞き，読みたい昔話や民話を自分で読む。
○友達に紹介したい本を決め，分かりやすい読書カードを書く。
○友達にすすめる本を決める。
○前時の学習を思い出し，読書カードを書く。
○本の紹介メモを作る。
△ブックトーク，読み聞かせ，帯，紙芝居，クイズなど本の紹介の仕方を考える。
○本の紹介方法を決める。

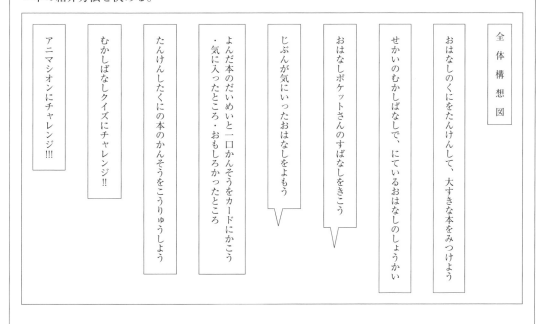

全体構想図

- おはなしのくにをたんけんして、大すきな本をみつけよう
- せかいのむかしばなしで、にているおはなしのしょうかい
- おはなしポケットさんのすばなしをきこう
- じぶんが気にいったおはなしをよもう
- よんだ本のだいめいと一口かんそうをカードにかこう
  ・気に入ったところ
  ・おもしろかったところ
- たんけんしたくにの本のかんそうをこうりゅうしよう
- むかしばなしクイズにチャレンジ!!
- アニマシオンにチャレンジ!!!

3 まとめる・伝え合う（4）
☆本の紹介発表会に必要なものを制作し，発表練習をする。
△紹介に必要なものの制作をする。
・紹介メモを作る。
・目的や場を意識した発表の仕方
・敬体と常体，声量と速度，語感に注意する。
☆自分の読んだ昔話や民話の中からおすすめのお話を紹介する発表会を行う。
○友達の書いた読書カードや紹介発表をもとに，本を選んで読書する。
○友達の読書カードを読んだり，発表を聞いて，読んでみたい本を決める。
☆読んでみたくなった本を発表し合う。

4 指導資料

(1) 読書に親しみ，生活を豊かにするための工夫

①常日頃から，担任やブックボランティア，上級生による読み聞かせをする場を設定し，児童一人ひとりが聞いて楽しんだり，イメージ豊かにお話の世界を思い描いたりすることができるようにする。

②読書の広がりのために，学級にはできるだけ多くの本を準備する。また，教室内に読書コーナーを設けて自分の好きな本を紹介するコーナーや本のクイズコーナーを作り，本に親しむ雰囲気作りをする。

③読書紹介の導入時には，公共図書館を訪問し，多くの本に触れ本をじっくり読む環境を経験する。

④親子読書への取り組みを行う。読書を生活の中に位置付けるためには，家庭や地域の協力が大切である。家庭での読み聞かせを親子にとって楽しいものにするには，適切な選書をすることも大切である。家族でお話を共有することで心のつながりを深め，読書そのものを共有し合える時間が家庭生活の中に生み出されることを期待する。

(2) 「読書の力」を高めるための工夫

①本を自力で読み進める力を付けるために，アニマシオンの活動を取り入れ，想像力・語彙力を高める取り組みを行う。絵や言葉から色や音などをイメージすることを何度か積み重ねるうちに，子どもたちはその学習を楽しみにするようになる。

②読書郵便やおすすめの本の宣伝カードの記録を残し，読書履歴を作る。

③「好きなところ・おもしろいところ」など，いくつかの視点をもつことができるようにするために，読み進めながら，視点に合わせて付箋紙を本に貼っていくようにする。それをもとに読書交流会を開く。

④授業の中で，音読・朗読を取り入れ，その上達のための読み取りや読書活動を充実させる。

【学校図書館の有効活用】
①児童が楽しんで読むことのできそうな本を移動書架に揃え，教室で積極的に活用してたくさんのお話に出会えるようにする。
②「読書活動年間計画」を基に教科の中で学校図書館を有効に活用し，授業改善を図りながら考えを深める力を養う。

(3) 豊かな言語感覚をもたせるための工夫

①低学年の段階では，表現方法自体分からないことがある。そのため，モデルを提示することにより，表現方法を獲得させる。また，自分の思いや考えを自分らしく言葉で表現することは難しいので，実物の本の提示や身振り手振りも表現する手段として取り入れる。
②生活の中で「豊かな言葉・豊かな表現」に出会う機会を多く取り入れ，言葉のおもしろさを体感できるようにする（群読などのダイナミックな表現活動・言葉遊びの活用）。
③児童が紹介した本を教室の後ろの棚の上に手に取りやすいように並べておく。
④児童が，言葉を学び，感性を磨き，表現力を高め，想像力を豊かなものにできるよう，読み聞かせ・音読・親子読書・アニマシオンなど様々な読書活動を行う。

(4) 書くプロセスを示す指導のポイント

①好きなところの絵や文を書き写して「おはなしカード」を作ることで，児童の学習意欲を高めるとともに，物語を主体的に読むことが期待できる。その後，他の物語を読む活動も設定し，それらを発表することで，読書の幅を広げていく。
②「本の紹介活動Ⅰ」では，手引き「おはなしガイド」の中にいくつかの基本文型を用意し，その中から自分に合った話し方や書き方を選ぶことができるようにする。「本の紹介活動Ⅱ」では，個々の興味・関心に応じるために，楽しみながら好きな本を紹介できるように支援する。
③児童が見通しをもって学習を進められるように単元全体の学習計画表「べんきょうちず」を準備する。また，学習計画表に合わせて各時間ごとに「学習の進め方」を黒板に提示し，児童がそれを見ながらカード作りや紹介練習に取り組めるようにする。
④児童が自主的に学習を進められるようにワークシートを使用する。その際に，児童の興味・関心やつまずきに合わせた補助ワークシートも準備し，児童が戸惑うことなく活動できるようにする。

2　音読を楽しもう（1年）　　　　　　　　　　　　　　　　　　　　　6月指導

単元名　あいうえおであそぼう　『あいうえおにぎり』

1　目標
- リズムやオノマトペのおもしろさを感じながら，さまざまなやり方で楽しく音読しようとする。
- 詩のリズムや「あいうえお」などの型を生かしながら，自分なりの詩を作り，音読を楽しむ。

2　学校司書と担任の連携ポイント
○『あいうえおにぎり』を学習していく上で，言葉遊びの本を準備する。

〈ねじめ正一の本〉『あいうえおにぎり』いとうひろし　絵　偕成社（2001）
　　　　　　　　　『そらとぶこくばん』山口マオ　絵　福音館書店（2004）
　　　　　　　　　『まいごのことり』松成真理子　絵　佼成出版社（2004）
〈いとうひろしの本〉『おさるのまいにち』『おさるはおさる』講談社（1991）
　　　　　　　　　『だいじょうぶだいじょうぶ』いとうひろし　絵　講談社（1995）
あべ　こうじ　文『あいうえおばけ』ささき　みお　絵　少年写真新聞社（2005）
　　　　　　内田麟太郎　文『あいうえおのえほん』西村繁男　絵　童心社（2012）

3　学習の流れ「3時間扱い」
（○指導のポイント　●学校図書館利活用のポイント　☆交流のポイント　△指導形態・方法）

1　つかむ（1）
- ○『あいうえおにぎり』をさまざまなやり方で音読する。
- ●『あいうえおばけ』『あいうえおのえほん』を紹介し，言葉のリズムを楽しむ。
- ●学校オリジナルの伝統文化ノートの中から「言葉遊び」を紹介する。

2　調べる（1）
- ●学校司書によって準備された本の中から，自分で気に入った本を参考にして，自分の「あいうえおにぎり」を作る。

3　まとめる・伝え合う（1）
- ☆自分が作った「あいうえおにぎり」を発表し合ったり，友達が作ったものを一緒に読んだりして，楽しく読み合う。

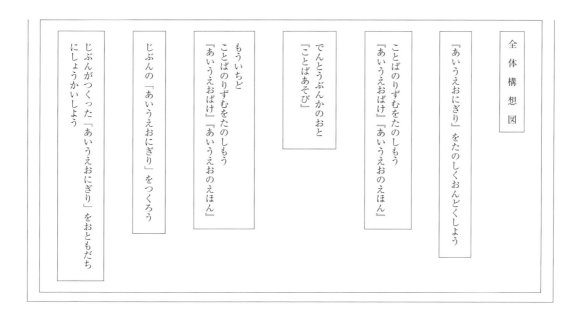

4 指導資料

(1) 授業展開や課題提示の工夫

①教材の提示の工夫

・何度も「あいうえお」を同じように唱えているだけでは飽きてしまうので，飽きさせずに学習を繰り返させる工夫をする。

・児童の実態と学習のねらいをすり合わせて学習をふくらませ，発展させるために「へんしん」シリーズなどを読み聞かせする。

②保育園児・幼稚園児とのかかわり

・自分が作った「あいうえおにぎり」を，保育園児・幼稚園児に読んで聞かせる。表現して伝えるという目的意識と保育園児・幼稚園児に対して表現するという相手意識をもたせることで，学ぶ意欲の高まりをねらう。

③グループ構成について

・3～4人の少人数グループでそれぞれが自分なりの「あいうえおにぎり」発表会をさせる。子ども同士の読み合い，感じ合いも，学習の中に組み込むことで，様々な表現を楽しむ姿勢を育てる。

④電子黒板の活用

・電子黒板を活用し，教科書の例示を必要に応じて提示する。

(2) 表現を豊かにするための工夫

①多くの読み物に触れて自分で読んだり書き写したりする経験を重ね，正しく書き表せるようにする。

②文型を真似して書く活動を設定する。

　擬声語は片仮名表記，擬態語は平仮名表記をすることや主語・述語や接続語を使った文や文章の書き方を教え，表現豊かな「あいうえおにぎり」作りをさせる。
・教科書の例文を視写した後，例文の文型を真似して書く活動を取り入れる。
③繰り返しのリズムや音を楽しむ時間を確保する。
　「あいうえおにぎり」は，音読を繰り返し，読み慣れること，想像を広げ，お話作りを楽しむことをねらいとするので，声に出して楽しく読む時間を設定する。
・音読を重視し，言葉のリズム・繰り返しの表現のおもしろさを感じ取らせる。

(3) ねらいに迫るための１単位時間の展開の工夫
○相手意識・目的意識をもたせ，音読をたっぷり楽しめるような場を設定する。
○詩のリズムや「あいうえお」などの型を生かしながら，自分なりの詩を作る手順を確認する。
○自分なりの詩を最終的に発表するだけではなく，感想を交流する活動を設定する。

(4) 学校図書館利活用のポイント
①教科書にあるような口形写真の拡大図や掛図を掲示する。
②声の大きさについては，動物の体の大きさに例えて絵で示すなど視覚的に訴える。
③「ひらがなのひょう」「あいうえおであそぼう」では，文字としてのひらがなに慣れていくとともに，音声としてのひらがなにも慣れていくことを繰り返し行っていく。
④「あいうえお」に関する本，言葉遊びの本，唱えて楽しめる本などを，事前に教室に準備し，授業開始時や朝のモジュールなどで声を出して読むようにする。
・『ことばのあいうえお』五味太郎　岩崎書店
・『あいうえおうた』谷川俊太郎　福音館書店
・『かさぶたってどんなぶた』小池昌代　あかね書房
⑤生活場面の中から見付けられない児童には，絵本などを示して言葉集めをする。
・教科書やいろいろな本などを用意し，言葉集めが活発に進められるようにする。

3　想像を広げながら読もう（1年）　　　　　　　　　　6月指導

単元名　おはなしをたのしもう　『どうぞのいす』

1　目　標
○絵や文章から登場人物の気持ちを想像したり，音読したりすることを楽しもうとする。
○物語の音読を繰り返し，想像を広げ，お話作りを楽しむ。

2　学校司書との連携のポイント
○本教材を学習した後，学校司書が繰り返しのあるお話や，次々と動物が出てくるお話を準備し，紹介する。
○読書月間に，教科書に紹介されている本を準備し，本に親しむ機会を一層充実させるとともに，子ども一人一人が主体的に新しい発見ができるように支援する。

『おだんごぱん』ロシア民話　瀬田貞二　訳　脇田和　絵　福音館書店（1966）

『てぶくろ』内田莉莎子　訳，エウゲーニー・M・ラチョフ　絵　福音館書店（1965）

『もりのなか』マリー・ホール・エッツ　文・絵　まさきるりこ　訳　福音館書店（1974）

作者　香山美子の本の紹介

『ごろりんごろんころろろろ』柿本幸造　絵　ひさかたチャイルド（1984）

『こんたくんのえーとえーと』末崎茂樹　絵　金の星社（1995）

『もりのおくのちいさなひ』柿本幸造　絵　ひさかたチャイルド（1997）

『おはなしゆびさん』杉浦範茂　絵　国土社（2003）

『いとまきのうた』たむらしげる　絵　国土社（1987）

3　学習の流れ「3時間扱い」
（○指導のポイント　●学校図書館利活用のポイント　☆交流のポイント　△指導形態・方法）

1　つかむ（1）
○教科書で紹介されているお話を読む。『おだんごぱん』『てぶくろ』（学級全体でやるときは読み聞かせをする）ICT（実物投影）
●学校司書が繰り返しのあるお話や，次々と動物が出てくるお話を準備し，紹介する。

2　調べる（1）
○学校司書によって準備されたお話の中から，自分で読んでみたいお話や詩を選び，読む楽しさを味わう。
●学校図書館活用ノートに記入する。
○楽しみながら文字を読み進め，物語を読む楽しさを味わうことができるように，学校司書と連携して支援していく。
○読み取る視点はワークシート等で示す。

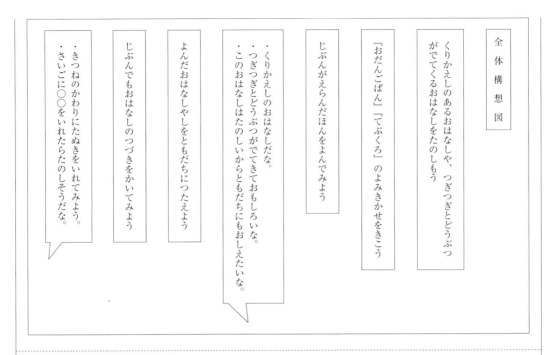

3 まとめる・伝え合う（1）
△ 3～4人グループで。
☆ 自分が選んで読んだお話や詩は，友達に読んで聞かせるなどして，教師と児童全体で取り組む。
○ 今後，自分なりのお話作りにつながるようにお話の一部分を書き換えるという活動につなげる。
● 自分でお話を書く児童もいると考えられるので，ワークシートや自由に書ける用紙を工夫して準備する。
○ 大体の見通しがついたら，文章化する。

4 指導資料

（1）授業展開や課題提示の工夫

①教材の提示の工夫

・『どうぞのいす』の絵本を提示して，奇想天外な発想から出発する空想の世界に児童を引き込んでいく。また，「つかむ」の段階では，学校司書が繰り返しのあるお話や，次々と動物が出てくるお話を準備して，紹介する。

②保育園児・幼稚園児とのかかわり

・自分が選んで読んだお話や詩は，保育園児・幼稚園児に読んで聞かせる。選んだお話を表現して伝えるという目的意識と保育園児・幼稚園児に対して表現するという相手意識をもたせることで，学ぶ意欲の高まりをねらう。

③グループ構成について

・3～4人の少人数グループで，それぞれが自分なりのお話作り発表会をする。児童同士の読

み合い，感じ合いも，学習の中に組み込むことで，様々な表現を楽しむ姿勢を育てる。
④電子黒板の活用
・電子黒板を活用し，教科書の例示を必要に応じて提示する。

(2) 表現を豊かにするための工夫
①「読みたい」と思えるような場を設定（大型紙芝居，ペープサート，劇作り）
・みんなが同じ文章を「読まされる」のではなく，児童一人ひとりに空想，想像の面白さを味わわせながら，お話を読む楽しさを経験させ，意欲的にお話を読めるようにする。
・個々の児童が，お話の登場人物として同化できるように，「どんな様子か。」を想像して話したり書いたりすることで，楽しく学習を進める。
②文型を真似して書く活動を設定
・擬声語は片仮名表記，擬態語は平仮名表記をすることや主語・述語や接続語を使った文や文章の書き方を学び，表現豊かなお話作りをする。教科書の例文を視写した後，例文の文型を真似して書く活動を取り入れる。
③繰り返しのリズムや音を楽しむ時間の確保
・『どうぞのいす』は，物語の楽しさを実感すること，音読を繰り返し，読み慣れること，想像を広げ，お話作りを楽しむことをねらいとするので，想像の世界にたっぷりと入って，声に出して楽しく読む時間を設定する。
・音読を重視し，言葉のリズム・繰り返しの表現のおもしろさを感じ取る。

(3) ねらいに迫るための１単位時間の展開の工夫
○相手意識・目的意識をもたせ，空想の世界をたっぷり楽しめるような場を設定する。
○お話を読む手順を確認する。
○お話を最終的に発表するだけではなく，感想を交流する活動を設定する。

(4) 単元で育てたい「読書の力」
①楽しみながら読む力
・絵や話の展開に興味・関心をもち，楽しんで読むことができる。
・自分が知っているあらすじを手がかりに，自分の力で最後まで本を読むことができる。
・ブックトークや読み聞かせを聞いたり，自分で好きな絵本を読んだりしながら話のおもしろさを味わうことができる。
②幅広く読む力
・「おすすめの20冊」「みんなで読もう！この１冊」「ブックトークの活用」などを通して，児童に幅広い読書の機会を与えることで，今まであまり読まなかったジャンルの本を読むことができるようにする。

③読書生活を豊かにする力
・友だちの読書紹介を読む・聞くことにより，新たな興味・関心をもったり，自分の感じ方との違いに気付いたりして，自分の読みを深めることにつなげていく。
④読んだことをもとに自分の考えを表現する力
・自分が読んだ本の中から，おすすめのお話を自分なりの方法で紹介することができる。
⑤一人学びからみんな学びへ広げられる力
・自分の話を聞いてもらえたという実感，言葉が相手に受け止められたという確かな手応えを経験し，多くの友だちとの学び合い，豊かなやり取りが生まれることを目指す。

4 登場人物を考えながら読もう（1年）　　　　　　9月指導

単元名　くふうしてよもう　『おおきなかぶ』

1　目　標
○物語の読み聞かせを聞いたり，物語を演じたりしようとする。
○登場人物が出てくる順序を考えて，「誰が」「どうして」「どうなった」に気をつけて読む。

2　学校司書との連携のポイント
○本教材を学習した後に，次々に動物が登場する物語や，言葉の繰り返しや連なりからリズムよく読める本を準備し，紹介する。
○教科書に紹介されている本を準備し，本や読書に親しむ機会を一層充実させるとともに，子ども一人ひとりが主体的な読書ができるように支援する。

　『おだんごぱん』ロシア民話　瀬田貞二　訳　脇田和　絵　福音館書店（1966）
　『てぶくろ』内田莉莎子　訳，エウゲーニー・M・ラチョフ　絵　福音館書店（1965）
　『カニ　ツンツン』金関寿夫　文，元永定正　絵　福音館書店（2001）
　『どうよう　げんこつやまのたぬきさん』いもとようこ　絵　講談社（1994）
　〈おおきなかぶの翻訳家，内田莉莎子の本〉
　『しずくのぼうけん』マリア・テルリコフスカ　作　ボフダン・ブテンコ　絵　福音館書店
　　（1969）
　『ヤギとライオン』内田莉莎子　文　むかいながまさ　絵　鈴木出版（1991）
　『三びきのくま』レフ＝トルストイ　作　ウラジミル＝レーベデフ　絵　偕成社（1989）

3　学習の流れ「3時間扱い」
（○指導のポイント　●学校図書館利活用のポイント　☆交流のポイント　△指導形態・方法）

1　つかむ（1）
○教科書で紹介されているお話を読む。『おだんごぱん』『てぶくろ』（学級全体でやるときは読み聞かせをする）ICT（実物投影）
●学校司書が次々に動物が登場する物語や，言葉の繰り返しや連なりからリズムよく読める本を準備して紹介する。

2　調べる（1）
○学校司書によって準備されたお話の中から，自分で読んでみたいお話や詩を選び，読む楽しさを味わう。
●学校図書館活用ノートに記入する。
○おもしろくてハラハラドキドキしたこと，感動して考えさせられたこと，よかったと思うところ，疑問に思ったところなどに付箋を付ける。（できたら付箋紙にメモを加える）

○読み取る視点はワークシートなどで示す。

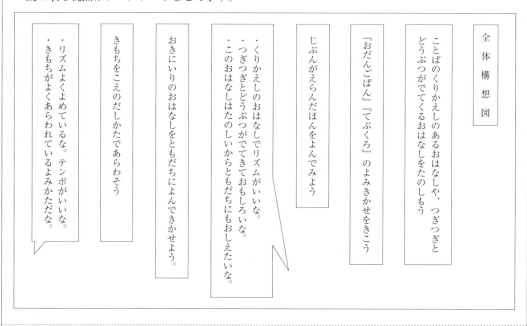

全体構想図

ことばのくりかえしのあるおはなしや、つぎつぎとどうぶつがでてくるおはなしをたのしもう

『おだんごぱん』『てぶくろ』のよみきかせをきこう

じぶんがえらんだほんをよんでみよう

・くりかえしのおはなしでリズムがいいな。
・つぎつぎとどうぶつがでてきておもしろいな。
・このおはなしはたのしいからともだちにもおしえたいな。

おきにいりのおはなしをともだちによんできかせよう。

きもちをこえのだしかたであらわそう

・リズムよくよめているな。テンポがいいな。
・きもちがよくあらわれているよみかただな。

3 まとめる・伝え合う（1）
☆自分が選んで読んだお話や詩は，友達に読んで聞かせるなどして，教師と児童全体で取り組む。
△ペアや学級全体で友達の読み方の工夫を評価し合うことで，自分なりの場面の読み方と表現とをつなげて，工夫した音読ができるようにする。
○大体の見通しがついたら，文章化する。
・見えてきた事柄に，自分の考えや解説を入れていく。
・大切なのは，その本についてどう読んだか，どんなことを考えたか，どんなことを発見したか，どんな批判をもったかなどを1年生なりにくわしく書く。

4 指導資料

(1) 授業展開や課題提示の工夫

①教材の提示の工夫
・『おおきなかぶ』の大型絵本を提示して，奇想天外な発想から出発する空想の世界に子どもを引き込んでいく。また，「つかむ」の段階では，『おおきなかぶ』のペープサートを示し，言葉のリズム・繰り返しの表現のおもしろさを感じ取らせる。

②保育園児・幼稚園児とのかかわり
・選んだお話を表現して伝えるという目的意識と保育園児・幼稚園児に対して表現するという相手意識をもたせることで，学ぶ意欲の高まりをねらう。

③グループ構成について
・3〜4人の少人数グループで，それぞれが音読発表会をする。児童同士の読み合い，感じ合

いも，学習の中に組み込むことで，様々な表現を楽しむ姿勢を育てる。
④電子黒板の活用
・電子黒板を活用し，教科書の例示を必要に応じて提示する。

(2) 表現を豊かにするための工夫
①「読みたい」と思えるような場を設定（大型紙芝居，ペープサート，劇作り）
・みんなが同じ文章を「読まされる」のではなく，児童一人ひとりに空想，想像の面白さを味わわせながら，お話を読む楽しさを経験させ，意欲的にお話を読めるようにする。
・個々の児童が，お話の登場人物として同化できるように，「どんな様子か」を想像して話したり書いたりすることで，楽しく学習を進める。
②文型を真似して書く活動を設定
・擬声語は片仮名表記，擬態語は平仮名表記をすることや主語・述語を使った文や文章の書き方を学び，表現豊かなお話作りをする。教科書の接続語例文を視写した後，例文の文型を真似して書く活動を取り入れる。
③繰り返しのリズムや音を楽しむ時間の確保
・『おおきなかぶ』は，短い言葉で，リズミカルな言い回しを繰り返しながら続くお話である。繰り返し口ずさむことで，リズムが体に刻み込まれる。そのうちに体を揺すりながら，その想像の世界に入っていく。たっぷりと声に出して楽しく読む時間を設定する。
・音読を重視し，言葉のリズム・繰り返しの表現のおもしろさを感じ取る。

(3) ねらいに迫るための1単位時間の展開の工夫
○相手意識・目的意識をもたせ，空想の世界をたっぷり楽しめるような場を設定する。
○お話を読む手順を確認する。
○お話を最終的に発表するだけではなく，感想を交流する活動を設定する。

(4) 単元で育てたい「読書の力」
①楽しみながら読む力
・絵や話の展開に興味・関心をもち，昔話や民話を楽しんで読むことができる。
・自分が知っているあらすじを手がかりに，自分の力で最後まで本を読むことができる。
・ブックトークや読み聞かせを聞いたり，自分で好きな絵本を読んだりしながら話のおもしろさを味わうことができる。
②幅広く読む力
・「おすすめの20冊」「みんなで読もう！この1冊」「ブックトークの活用」などを通して，児童に幅広い読書の機会を与えることで，今まであまり読まなかったジャンルの本を読むことができるようにする。

③読書生活を豊かにする力
・友だちの読書紹介を読む・聞くことにより，新たな興味・関心をもったり，自分の感じ方との違いに気付いたりして，自分の読みを深めることにつなげていく。
④読んだことをもとに自分の考えを表現する力
・自分が読んだ昔話や民話の中から，おすすめのお話を自分なりの方法で紹介することができる。
⑤一人学びからみんな学びへ広げられる力
・自分の話を聞いてもらえたという実感，言葉が相手に受け止められたという確かな手応えを経験し，多くの友だちとの学び合い，豊かなやり取りが生まれることを目指す。

5　気持ちを考えながら読もう（1年）　　　　　　　　　　　　10月指導

単元名　きもちをかんがえながらよもう『あいしているから』

1　目　標
○話の展開や登場人物の気持ちを想像しながら，楽しんで読もうとしている。
○本や文章を楽しんだり，想像を広げたりしながら読む。

2　学校司書との連携のポイント
○本教材『あいしているから』に関連して，それぞれ，動物どうし，動物と人間，人間どうしの心の交流を描いた絵本を取り上げる。
○教科書に紹介されている本を準備し，本や読書に親しむ機会を一層充実させるとともに，子ども一人ひとりが主体的な読書ができるように支援する。

『ずーっといっしょ』マリアン・クシマノ 文　市川里美 絵　森山京 訳　講談社（2002）
『ねことらくん』中川李枝子 作　山脇百合子 絵　福音館書店（2006）
『さっちゃんとなっちゃん』浜田桂子 作・絵　教育画劇（2002）
『わすれられないおくりもの』スーザン・バーレイ 作・絵　小川仁央 訳　評論社（1986）
『ずーっとずっとだいすきだよ』ハンス・ウィルヘルム 絵と文　久山太市 訳　評論社（1988）
『泣いた赤おに』浜田廣介 作　※出版社多数
『おはなをどうぞ』三浦太郎 作　のら書店（2009）
『アンジュール　ある犬の物語』ガブリエル・バンサン 作　BL出版（1986）

3　学習の流れ「3時間扱い」
（○指導のポイント　●学校図書館利活用のポイント　☆交流のポイント　△指導形態・方法）

1　つかむ（1）
●学校司書が心の交流を描いた絵本を準備し，紹介する。 『ずーっといっしょ』『ねことらくん』『さっちゃんとなっちゃん』（学級全体に指導するときは読み聞かせをする）ICT（実物投影）

2　調べる（1）
●学校司書によって準備されたお話の中から，自分で読んでみたいお話を選び，読む楽しさを味わう。 ○楽しみながら文字を読み進め，物語を読む楽しさを味わうことができるように学校司書と連携して支援していく。 ○読み取る視点はワークシート等で示す。

3　まとめる・伝え合う（1）
☆自分が選んで読んだお話は，友達に紹介する。（読書月間中，読書郵便）

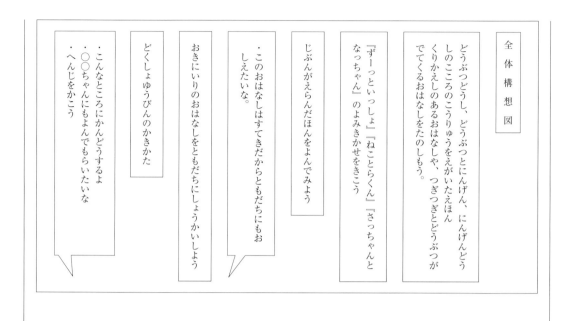

☆読書郵便の書き方を知り，友達に手紙を書いたり，返事を書いたりして交流する。

4 指導資料

(1) 〈ことば〉を豊かにするための工夫

①主体的な読書をすすめていくための言語活動の充実
- 音読・朗読・群読・読書会（同じ本，同じ作者の本，同じテーマの本）・ブックトーク・読書へのアニマシオン・子どもによる本の紹介。

②主体的な読書をすすめていくための読書活動の工夫
- 好きなところの絵や文を書き写して「おはなしカード」を作ることで，児童の学習意欲を高める。その後，他の物語を読む活動も設定し，それらを発表することで，読書の幅を広げていく。
- 「本の紹介活動Ⅰ」では，手引き「おはなしガイド」の中にいくつかの基本文型を用意し，その中から自分に合った話し方や書き方を選ばせる。「本の紹介活動Ⅱ」では，楽しみながら好きな本を紹介できるように支援する。
- 児童が自主的に学習を進められるようにワークシートを使用する。その際に，児童の関心やつまずきに合わせた補助ワークシートも準備する。

③豊かな言語感覚をもたせるための工夫
- 低学年の段階では，表現方法自体分からないことがあるため，モデルを提示する。実物の本の提示や身振り手振りも表現する手段として気付かせる。
- 生活の中で「豊かな言葉・豊かな表現」に出会う機会を多く取り入れる。（群読・言葉遊び

の活用）

(2) 〈生活〉を豊かにするための工夫
①読書に親しみ，生活を豊かにするための工夫
・常日頃から，担任やブックボランティア，上級生による読み聞かせをする場を設定し，児童一人ひとりが聞いて楽しんだり，イメージ豊かにお話の世界を思い描いたりすることができるようにする。
・教室内に読書コーナーを設けて自分の好きな本を紹介するコーナーや本のクイズコーナーを作り，本に親しむ雰囲気作りを行う。
・親子読書への取り組みを行う。家庭での読み聞かせを親子にとって楽しいものにするには，適切な選書をすることも大切である。
・感じたこと思ったことを話す。
・「読書月間」とタイアップして，国語の時間以外にも朝のモジュールや給食時等，日常的に読書を行う。

②「読書の力」を高めるための工夫
・本を自力で読み進める力を付けるために，アニマシオンの活動を取り入れ，想像力・語彙力を高める取り組みを行う。また，読書郵便やおすすめの本の宣伝カードの記録を残し，読書履歴を作る。
・「好きなところ・おもしろいところ」など，いくつかの視点をもつことができるようにするために，読み進めながら，視点に合わせて付箋紙を本に貼っていく。それをもとに読書交流会を開く。
・道徳との関連で「命の大切さ」というこの物語『あいさつしているから』の寓意を読み取らせる。
・音読，斉読，追従読みなどいろいろな読み方を経験させる。

(3) 〈かかわり〉を豊かにするための工夫
①「おすすめの1さつ」を紹介する活動
・この活動を通して，自己，学習材，クラスの友達，他学年の友達にかかわり，その中で，集団学習の方法を学ぶ。
②"共育"的な場を設定
・円滑なコミュニケーションの基礎を築くために，「耳を傾けること」を大切にする。素話や担任の本の紹介やクイズ，アニマシオンに耳を傾け投げかけられた言葉に正面から向き合えるようにする。
③読書環境の充実を図り，外部・保護者との連携「かかわり」を推進するための工夫
・担任や学校司書によるオリエンテーション，ブックトーク，読み聞かせ。

・公共図書館との連携。
・読書月間における保護者や専科の教員の読み聞かせ。
・各種お便りによる親子読書等の呼びかけ。

(4) 読書郵便を書く指導のポイント

①話題にふさわしい題材を選ぶ
・語彙の中でも「きらきら言葉」を特に取り上げて、語句カードに記入させる。

②分かりやすい構成で書く
・集めた語彙を実際に文章としてまとめる際に、具体的な書き出しのパターンを数種類プリントで紹介する。構成表を示し、題材を「きらきら言葉」から選ばせ、読み取ったことや感じたことを友達に効果的に伝えることができるようにする。

③表現を工夫して書く
・紹介文の感想を友達から聞くことで、自分の紹介文のよさに気付き、もっとよく書けるようになりたいという思いが増すようにする。
・具体的に数値や例を取り入れることを指導する。

6 図書館資料を活用しよう（1年）　　　　　9月指導

教材名　　えをかいてみると？

1 目 標
○動物を説明するわかりやすい文を相談して書くことができる。

2 学校司書との連携のポイント
①ここでは，題材として「動物」を取り上げ，カードに動物の絵を描くことから始まる。子どもは，なんとなく理解はしているものの，調べなければしっかりした動物の絵や説明を書くことはできないことに，だんだん気付いていく。そこで，本教材では，動物について説明する文を作成するに当たって，調べる活動を位置付ける。
②学校図書館で図鑑などを読んだり，実際に動物を見たり，映像で見たりして，自分が好きな動物に関する情報を得て書く活動を通して，調べることによってより理解が深まることを実感させる。
③学校司書と連携して，動物が出てくるお話や絵本，図鑑などを読む活動を多く取り入れる。そのために，あらかじめ本をピックアップしておく。

3 学習の流れ 「8時間扱い」
（○指導のポイント　●学校図書館利活用ポイント　☆交流のポイント　△指導形態・方法）

1　つかむ（1）
○犬に興味をもち，カードの犬の説明を文章で書く。
☆犬について知っていることを話し合う。
☆犬が出てくるお話を聞き，感想を交流する。
☆教科書の犬の絵を見て，気付いたことを話し合う。
○教科書の犬を説明する文を書く。

> ①これは　犬です。
> ②足が四本，耳が二つあります。
> ③からだのいろは，きいろとちゃいろです。したがとてもながくて，へびみたいです。
> ④自分で書く。

2　調べる（3）
○うさぎの絵を描くためには，本で調べる必要があることに気付く。
☆うさぎについて知っていることを話し合う。○うさぎのお話を聞く。
○うさぎの絵を描くために気を付けたいことを考える。
○うさぎの絵を描くためには，どうしたらよいか考える。
○本などを参考にしながら，うさぎの絵と説明の文を書く。

- 学校図書館で，うさぎの本を探して読む。
- 本を見ながら，うさぎの絵を描く。
○ 自分が描いたうさぎの絵を見て，説明する文を書く。
○ 上記の④にあたる文は自分で考えて書く。（上記④）

全体構想図

- 先生がつくった『すきなどうぶつ』のせつめいぶんをきこう
- ともだちのカードをみて、せつめいぶんをかこう
- まえのじかんにかいたすきなどうぶつのカードをとなりの子とこうかんしよう
- ともだちとこうかんしたカードを見て、せつめいぶんをかこう
- ともだちがかいてくれたせつめいぶんをもらって、じぶんのかいたせつめいぶんとくらべてみよう
- となりどうしではなしあって、あたらしいせつめいぶんをつくろう

3　まとめる（1）
○ 好きな動物を選び，絵と説明文をカードに書く。
○ 好きな動物の絵を描く。
○ カードに描いた動物の絵を見ながら，説明する文を書く。
○ 好きな動物のカードを友達に見せ，友達のカードを見て説明文を書く。
☆ 前時に描いた好きな動物のカードを隣の児童と交換する。
○ 友達と交換したカードを見て，説明文を書く。
△ 友達が書いてくれた説明文をもらって，自分の書いた説明文と比べる。
△ 隣同士で話し合って，新しい説明文を作る。

4　伝え合う（3）
○ グループで絵を見せ合いながら，説明する文を読み合い，感想を共有する。
☆ グループの中で絵を見せ合い，説明文を発表する。
☆ 説明文を聞いて感想を伝え合う。
○ 説明文を読んで，直したいと思うところは直す。
○ 説明文をカードに清書する。
○ 他のグループと交流し，感想を共有する。
△ 他のグループと絵と説明文のカードを見せ合い，感想を伝え合う。
△ 別のグループともう一回読み合って感想を伝え合う。
○ 「クラスの動物園」の名前を付け，できるだけ多くの児童のカードを見て，感想を共有する。
○ 動物園の名前を考える。
○ グループごとに，動物の絵カードと説明文カードを画用紙に貼る。
△ 全てのグループの画用紙を，壁に貼るなどして，互いに見せ合う。
○ 気に入ったカードを選んで，その友達に手紙を書く。

4　指導資料

(1) 表現を豊かにするための工夫

①「書きたい」と思えるような場を設定（「クラスの動物園」作り）

- みんなが同じ文章を「書かされる」のではなく，児童一人ひとりに表現することの面白さを味わわせながら，文を作る楽しさを経験させ，意欲的に説明する文作りに取り組ませる。
- 最終的には，みんなで書き溜めた動物の絵カードと説明文カードを集めて，「クラスの動物園」（「わくわく動物園」「○○ZOO」）を作るのだということを知らせ，楽しく学習を進める。

②書く型を提示

- 調べることはできても，いきなり自分で動物の説明文を書くことは難しい。そこで，書く型を提示する。まずは全員で「犬」の説明文を書く。「これは，いぬです。」という文から始まり，足や耳の数などのわかりやすい体の特徴を書く。
- この書き方を確認した後，「うさぎ」については，自分で考えて書かせる。その後，好きな動物へと展開していく。

③自分の文章を読み返す場の設定

自分の文章を書いた後，読み返すことを指導する。書いたら書きっぱなしという状態が多かったが，本教材では，自分の書いたものを読み返すという習慣を付けさせ，文字の正しい表記や句読点の使い方，ます目に書くときのルールなどを定着させる。

(2) 授業展開や課題提示の工夫

①児童を飽きさせないための工夫

- 見開き2ページで，8時間という長い時間が配当されているので，多様な活動を入れていくことを意識して授業を進める。そのためには，最初の動機づけが特に大事だと考える。犬やうさぎに関わる絵本の読み聞かせから入っていくことで，児童の興味・関心を喚起する。
- 自分で絵を描くときも，図鑑や百科事典ばかりに目を向かせるのではなく，読み物の挿絵を見ながら描いてもよいことにする。

②自分で絵を描くための方法を工夫させる

- 第2次の「調べる」の段階では，「犬」や「うさぎ」の絵を詳しく描くときに，どんなところに気を付けて描けばよいのかを考えさせるようにする。例えば，足の数や足が出ている場所，ひげの生え方，歯の形などを図書館で調べたり，実際に見てきたりすればよいことに気付かせる。その学習をもとに，先のまとめるの段階では，「好きな動物」を描かせ，その動物を説明する文を書く。

③2年生とのかかわり

- 作った「動物園」を表現して伝えるという目的意識と2年生に対して表現するという相手意

識をもたせることで，学ぶ意欲の高まりをねらう。

④ペア学習から少人数グループ学習へ
・「まとめる」段階の学習では，③で描いた好きな動物のカードを隣の子と交換し合い，友達と交換したカードを見て，説明文を書き，友達が書いてくれた説明文と自分の書いた説明文と比べるというペア学習を取り入れる。さらに，グループで話し合って，いいところを組み合わせるなどしてさらに新しい説明文を作る。

⑤電子黒板の活用
・電子黒板を活用し，教科書の例示を必要に応じて提示する。

(3) 学校図書館の利活用

①「犬」や「うさぎ」について知っていることを話し合った後，「犬」や「うさぎ」が出てくるお話を読み聞かせることで，児童の興味・関心を高める。

②「つかむ」の段階では，『どろんこハリー』『いとしの犬　ハチ』『盲導犬のお話』『雨ふりうさぎ』『うさぎとかめ』『ピーターラビット』など，数冊，読み聞かせをした後，実際に学校図書館に行って，自分で「犬」や「うさぎ」の本を探して読む。

③本教材が，2年生の「なかま分けをしよう」へ発展するとともに，3年生の「図鑑でしらべよう」にも深く関わっていくようにする。例えば「犬」を調べるときには，「乗り物」ではなく，「動物」の図鑑を使うということがわかるなど，調べ学習にもつながっていくようにする。

(4) 指導計画の作成

|つかむ|　動物園の名前を決めて，書いたカードを集めて「クラスの動物園」を作るという学習計画を立てる。

|調べる|　「犬」や「うさぎ」の絵を詳しく描くときに，どんなところに気を付けて描けばよいのかを考えさせる。例えば，足の数や足が出ている場所，ひげの生え方，歯の形などを図書館で調べたり，実際に見てくればよいことに気付かせたりする。

|まとめる|　提示された型を意識して，説明文の構成を考える。実際に絵を描くことで，場面を想像しやすくする。自分で何度も読み返し，推敲する力や足りないところを補う力を付けさせる。1冊の本にすることで，満足感をもたせる。

|伝え合う|
　　自分の絵や文章の他に，友達の絵や文章を読むことで，自分にはないよさを見付け，これからの書く活動に意欲的に取り組んでいくきっかけ作りになるようにする。また，グループで交流することで，新たな見方や考え方に気付けるようにする。

7 学校図書館を利用しよう（1年）

9月指導

単元名　としょかんへいこう　「ほんのもどしかたをしろう」

1 目標
○絵本の並び方，戻し方を覚えようとする。
○絵本の分類番号のラベルや書架の並び方のきまりを知る。

2 学校司書との連携のポイント
・書架の場所や分類番号など，1年生の段階で指導する内容について学校図書館活用ノートで確認する。
・学校司書は分類の説明に用いる本を選定し，準備をする。
・導入では，学校司書が読み聞かせをし，子どもの興味・関心を高める。担任が分類番号を指導する。
・日本の絵本，外国の絵本を人数分準備する。
・分類内容を理解しやすい本（分類ごとに1冊以上）を選ぶ。

3 学習の流れ　「2時間扱い」
（○指導のポイント　●学校図書館利活用のポイント　☆交流のポイント　△指導形態・方法）

1　つかむ
○絵本の読み聞かせを聞く。
●背表紙のラベルについて知る。
○絵本の背表紙の黄色いラベルを知り，絵本とその他の本の区別の仕方を知る。

全体構想図

えほんについているラベルのひみつにズームイン!!

「E」のラベル
ひらがなやカタカナでかいてあるのはなぜかな

日本のえほんはひらがな
がいこくのえほんはカタカナ

日本のえほんはどこかな
がいこくのえほんはどこかな
・本はあいうえおじゅんにならんでいる
・上のたなからじゅんばんにならんでいる

かりた本のラベルをワークシートにかこう

かりた本をほんだなにもどそう

- 絵本の分類番号について知る。
  ○ 実際の絵本や分類番号「E」のラベルの表示を見て，ひらがなやカタカナで五十音が書いてあることを知る。
  ○ 日本の絵本はひらがな，外国の絵本はカタカナと表記が異なっていることを知る。

2　調べる（1・2を1時間で指導する）
- 書架の場所，本の並び方を知る。
  ○ 日本の絵本の書架，外国の絵本の書架と，本の種類ごとに棚が分かれていることを知る。
  ○ 本は五十音順に並んでいること，上の棚から順番に並んでいることを知る。

3　まとめる（1）
- 実際に絵本を書架に戻す。
  △ ワークシートに借りた本のラベルの内容を書き込み，ラベルの読み方を学ぶ。
  ☆ ラベルカードを用いて，本の並び順の確認を行う。
  △ 一人1冊ずつ，絵本を手に取り，ひらがなやカタカナのシールを見ながら書架に戻す。

4　指導資料

（1）学校図書館の本について

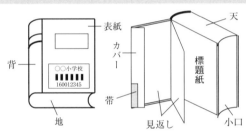

①バーコードラベル

　学校で購入した本には，学校名と番号が書かれたバーコードのラベルが貼られている。この番号（一般的には9桁の番号）は，それぞれの学校の蔵書番号である。学校図書館システムの電算化により，この蔵書番号で本が登録されている。

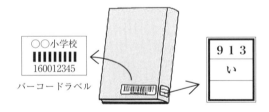

②「請求記号ラベル」又は「所在記号ラベル」

　上図右のようなラベルが，どの本にも貼られている。これは，本の所在を表す大切なラベルで，「請求記号ラベル」と呼ばれている。請求記号ラベルは，図のように3段になったものが一般的である。本の所在はラベル上段の番号で表示されているが，これは「日本十進分類法（NDC）」という本の分類法で決められた数字で，分類記号と呼ばれている。

請求記号ラベルの見方

　1段目には，NDCの「分類記号」が記載されている。②の「請求記号ラベル」の「913」の読み方は，「きゅう・いち・さん」と読む。1ケタ目，2ケタ目，3ケタ目の数字にそれぞれ意味があるからである。1ケタ目の「9」は，文学を表す。2ケタ目の「1」は，文学が書かれた言語（1は日本語）を表す。3ケタ目の「3」は，文学のジャンル（3は物語）を表す。「913」のラベルのついた本は，すべて日本の物語の本ということがわかる。

　2段目には，「図書記号」が記載されている。図書記号とは，その本の著者名を表す記号で，基本的には著者の名字の頭文字が記載される。

　3段目には，「巻冊記号」が記載されている。シリーズの番号や「上巻，中巻，下巻」などが「1，2，3」のように数字で記載されている。

③日本十進分類法とは

　学校図書館の本は，公共図書館と同じように「日本十進分類法（NDC）」という本の分類法に基づいて分類されている。全ての本を内容によって1類から9類までに分類し，どれにも当てはまらないものを0類（総記）として全部で10のグループに分け，さらにそれぞれのグループを10に分けて，細分化している。

(2) 書架整理について

○配架のルール：

　配架とは，本を書架に収める作業のことである。図書館の本は，請求記号ラベルのNDCの番号順に，または，別置シールに従って並べられる。書架の配列のルールは，左から右（時計回り）で並べることになっている。それぞれの書架では，本は，左から右，上から下に並べる決まりがある。（下図）。

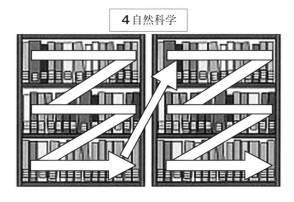

(3) 本を利用する時のマナー

　図書館の利用者（児童・教員）みんなで本を大事にするマナーを共有する。
①棚から出す時は，本のまん中を持つ。

②本の修理にセロハンテープはぜったい使わない。セロハンテープは時間が経つと変色して本をいためてしまう。

8 お話をつくろう（1年） 　　　　　　　　　　　　　　　1月指導

単元名　おはなしを　つくろう　「きょだいな　きょだいな」

1　目　標
○言葉で表すことによって，想像したことの内容を伝え合おうとする。
○リズムに乗せて，想像したことを文章に書くことができる。

2　学校司書との連携のポイント
○大型絵本で読み聞かせをすることで，広い野原にあるはずがないものが，普通の何倍ものきょだいな姿であったという奇想天外な発想を楽しませる。そして，あるはずがない，でもあったらおもしろそうと，児童を空想の世界に引き込んでいくようにする。
○学校司書と連携して，本教材『きょだいな　きょだいな』と共通点のある，想像を広げて楽しめる不思議なお話を紹介する。
○本教材の作者，長谷川摂子さんの作品も紹介し，不思議な空想の世界を楽しませる。また，歌の節回しや巧妙な音の世界にも誘うようにする。
○「大きくなる」「こんなことができたらおもしろいな」という点で，「きょだいな　きょだいな」と共通点がある，とてつもなく大きいものの中で児童が楽しめるようなお話を紹介する。
・大型絵本『きょだいな　きょだいな』（長谷川摂子　作　降矢なな　絵　福音館書店（2001）
・『めっきらもっきら　どおんどん』（長谷川摂子　作　降矢なな　絵　福音館書店（1990）
・大きなお話の紹介『ジャックと豆の木』
　『おおきなキャベツ』岡　信子　作　中村景児　絵　金の星社（2001）
　『おおきな　きがほしい』佐藤さとる　ぶん　村上　勉　え　偕成社（1978）
　『ぐるんぱのようちえん』西内みなみ　さく　堀内誠一　え　福音館書店（1966）
・想像を広げて楽しめる不思議なお話の紹介
　『ふしぎなナイフ』中村牧江　さく　林　健造　さく　福田隆義　え　福音館書店（1997）
　『とってもだいすき　ドラえもん』藤子・F・不二雄　原作　乙武洋匡　詩　むぎわらしんたろう　絵　小学館（2002）
　『あおくんときいろちゃん』レオ・レオーニ　作　藤田圭雄　訳　至光社（1979）

3　学習の流れ「16時間扱い」
（○指導のポイント　●学校図書館利活用のポイント　☆交流のポイント　△指導形態・方法）

1　つかむ（4）
○教材文『きょだいな　きょだいな』を読み，おもしろいところや気に入ったところを話したり書いたりする。

・『きょだいな　きょだいな』を声に出して読む。
・おもしろいところを書いたり話したりする。
　『きょだいな　きょだいな』を読んで想像しながらおもしろいところを話す。
・『きょだいな　きょだいな』を声に出して読む。
・学習の見通しをもつ。
・『きょだいな　きょだいな』のおもしろさを話し合う。

全体構想図
『おおきなキャベツ』の「きょだいな　きょだいな」をきいてみよう。
おはなしづくりの名人になろう
おはなしをつくるてじゅん
①きょうかしょのさくひんをよもう
②のはらにある「きょだいなもの」はどんなものがよいかな
③「きょだいなもの」でなにをするかかんがえよう
④それをするとどうなるかをかんがえよう
ワークシートにおはなしをかいていこう
つくったおはなしをはっぴょうしよう
大きくなるおはなしのしょうかい

2　調べる（5）
○きょだいなものやそこで児童がすることを想像し，お話を書く。
・『きょだいな　きょだいな』のお話作りの準備をする。
☆初めは，挿絵の眼鏡や風船を例にして，みんなでお話を作る。
△ワークシートに沿ってお話を書く。
●学校司書と共に準備したお話の中から，自分で読んでみたいお話を選び，読む楽しさを十分に味わう。
●楽しみながら文字を読み進め，物語を読む楽しさを味わうことができるように，学校司書と連携して支援する。

3　まとめる・伝え合う（7）
☆友達の作ったお話を読み合い，よいところを見付けたり質問したりする。
☆作ったお話をグループの中で紹介し合う。
△友達の感想やアドバイスをもとに，自分の作品を見直す。
○丁寧にお話を書き，絵を描いて作品を仕上げる。
△お話を画用紙に書き，絵も描いて本作りをする。
☆自分の作品を発表するとともに，友達の作品を理解し，感想を返す。
・作品の発表交流会をする。
・友達の作品について，感想を書く。
・保育園児を招いて，発表会をする。

4 指導資料

(1) 表現を豊かにするための工夫

①「書きたい」と思えるような場を設定（指人形の自分作り）

・みんなが同じ文章を「書かされる」のではなく，児童一人ひとりに空想，想像の面白さを味わわせながら，お話を作る楽しさを経験させ，お話作りに取り組ませる。

・個々の児童が，巨大なものの中の一員として同化できるように，指人形の小さな自分を作り，「巨大なものでどんなことをしているか」「どんな様子か」を想像して書いていくことで，楽しく学習を進める。

②文型を真似して書く活動を設定

擬声語は片仮名表記，擬態語は平仮名表記をすることや，主語・述語や接続語を使った文や文章の書き方を教え，表現豊かなお話作りをさせる。教科書の例文を視写した後，例文の文型を真似して書く活動を取り入れる。

③繰り返しのリズムや音を楽しむ時間の確保

『きょだいな　きょだいな』は，短い言葉で，リズミカルな言い回しを繰り返しながら続くお話である。繰り返しを好むこの時期の児童は，大喜びでこのお話を口ずさむに違いない。この何度も口ずさむ経験を大切にしたい。繰り返し口ずさむことで，リズムが体に刻み込まれる。そのうちに体を揺すりながら，その想像の世界に入っていく。たっぷりと声に出して楽しく読む時間を設定する。

また，擬態語，擬音語も巧みに使われている。それを味わう意味でも，どんな音として声に出したらいいか，意識させながら音読させたい。

④リズムに乗せて創作させる（ウッドブロックの活用）

身の回りのものがきょだいになって野原にあったら，そこでどんなことが起こるだろう。どんなことができるだろう。そんな設定で，自分がそのきょだいなもので遊んだり関わったりすることを想像することを通して，想像する楽しさ，創作するおもしろさを経験させる。同時に，リズムに言葉を乗せて楽しく表現するために，音読を重視し，言葉のリズム・繰り返しの表現のおもしろさを感じ取らせていく。

そのために，音楽専科と協力してウッドブロックを使って七・五調のリズムを体に刻み付け，リズムの心地よさや音の楽しさを味わわせたい。

(2) 授業展開や課題提示の工夫

①教材の提示の工夫

『きょだいな　きょだいな』の原典や大型絵本を提示して，奇想天外な発想から出発する空想の世界に児童を引き込んでいく。また，「つかむ」の段階では，『おおきなキャベツ』を「きょだいな　きょだいな」のリズムに乗せて再構成したものを示し，言葉のリズム・繰り返しの表現のおもしろさを感じ取らせる。

②挿絵や，自分で絵を描くことを手がかりにする。挿絵のピアノや石けん，ももには，子どもが描かれていない。例えば，石けんに水をかけて子どもがつるつる滑っているところなど，子どもたちの絵を描き加えさせ，巨大な石けんのイメージをはっきりさせるようにする。また，調べるの創作の段階では，（1）表現を豊かにするための工夫の①でも述べたように「指人形の自分」を使って広い校庭や教室の中にある巨大なものに実際に小さい自分を置いてみて，その大きさをイメージさせる。その後，「きょだいなもの」を決めたら，それとそこにいる子どもの絵を描かせてみる。

③保育園児・幼稚園児とのかかわり

　作ったお話を表現して伝えるという目的意識と保育園児・幼稚園児に対して表現するという相手意識をもたせることで，学ぶ意欲の高まりをねらう。

④グループ構成について

　3～4人の少人数グループで，作り出したお話を発表させる。今まで1年生は，2人組での話し合い活動を中心に，相手に分かるように話すことや，相手の話していることを受け止めて聞く対話力を身に付けてきた。それをさらに発展させ，数名でかかわり合わせる。

(3) 進んで書くための工夫

プロセス1　話題にふさわしい題材を選ぶ。

- 野原にあるものは，身の回りのありふれたものなのだが，それがとてつもなく大きいということである。
・児童の体の大きさを指人形で置き換えて，まるで巨人の道具を思わせる大きさであることを実感させる。
・自分が百人の子どもの一人ならどうするか想像させる。
・選んだ題材をまず絵に描かせて，その大きさをイメージさせる。

プロセス2　ワークシートに沿ってお話を書く。

・いきなりお話を作るのではなく，思いついたらメモをしながら作っていくようにさせる。
・創作の段階でも，「きょだいなもの」を決めたら，それとそこにいる子どもの絵を描かせてみる。

プロセス3　リズムに乗せてお話を作る。

・教科書を参考に，「きょだいになるもの」「きょだいになったらどうなるか」のまとまりになっていることを確認する。
・擬音語・擬態語を使うことを指導する。また，リズムに言葉を乗せて表現することで，リズムの心地よさや音の楽しさを味わわせるためにウッドブロックを活用し，体にリズムを刻ませる。
・作ったお話の発表会をする。感想を交流し，充実感，達成感が味わえるような場を設定する。

(4) 学校図書館の利活用

・大型絵本『きょだいな　きょだいな』（長谷川摂子作　降矢なな絵　福音館書店　2001年）の読み聞かせ。大型絵本で読み聞かせをすることで，大きなお話を読んでいるという気持ちで児童たちが楽しめるようにする。
・『めっきらもっきら　どおんどん』（長谷川摂子作　降矢なな絵　福音館書店　1990年）の紹介。
　『きょだいな　きょだいな』と同様，不思議で，空想の世界を楽しめるお話であり，また，歌の節回しや3人組の名前など，巧妙な「音」の世界に誘うお話を紹介する。
・大きなお話の紹介。

9　朝顔の観察をしよう（1年・きれいにさいてね）　　5月〜9月指導

○植物を継続的に栽培して，その変化や成長の様子に気付くとともに，植物に親しみをもち，適切な世話をし，大切にするようにする。

1　目　標
○植物の変化や成長に合わせて，水や肥料など，世話の仕方を考えて適切に関わり，成長の様子や育てる喜びなどを振り返り，それをすなおに表現しようとする。
○学習を通して，観察カードに記録し，単元の最後に観察カードをまとめて『あさがお観察アルバム』を作成する。

2　学校司書と担任の連携ポイント
①学習に入る前から，何気なく図鑑や花の絵本等を教室に準備し，花に興味がもてるような教室環境を整える。
②図鑑の使い方（目次，索引）の指導を随時行う。
③あさがおの成長を写真で確認できるような写真絵本や，あさがおについて疑問点を解決できるような図鑑等を紹介して興味・関心をもたせる。また，こうした絵本をいつでも読めるように環境を構成する。
④気象条件を考え，あさがおの鉢の置き場所に気を付ける。
⑤あさがおの成長段階に応じて，あさがおの絵本の読み聞かせを考えて行う。
⑥子どもが落ち着いて観察できるように，観察するときの場の設定を考える。

3　学習の流れ「8時間扱い」
（○指導のポイント　●学校図書館利活用のポイント　☆交流のポイント　△指導形態・方法）

1　つかむ（2）
○栽培する植物を選び，たねや鉢，土などを準備したり，まき方を調べたりする。

●様々な植物のたねの写真絵本を用意する。
※今回はあさがおのたねをみんなでまき，観察をしていくことを伝える。
●あさがおの花の教材性を事前に調べ，把握しておく。
○たねをよく観察して，観察カードに記録する。
※1年生のこの時期は，子どもの技能差が大きいので，文字でかくことをもとめない。
○植物への成長への願いをもってたねをまき，世話の仕方を話し合う。

2　調べる（2）
○発芽の様子を観察し，成長の様子を記録カードに書く。手触り，色，形（〜みたいという比喩表現），大きさ，数，自分の気持ちなどを書く。

※記録カードには，自分の気持ちを添えるように言葉かけをする。
- 最初に出てきた葉（双葉）の形についてよく観察する。他の植物とも比べる。
☆世話の仕方を指示，指導するのではなく，子どもなりに思考・判断させる。
☆鉢やじょうろを児童の目につく場所に置き，毎日の世話への意識を持続させるようにする。
○植物が倒れそうになったり，つるが絡んだりするなどの問題が起きたら，みんなで解決策を話し合い，実行する。
☆すぐに支柱を与えるのではなく，児童の必要感が出たところで示すようにする。
- 本葉が出てきて，双葉との葉の形の違いに気付かせ，他の植物とも比べる。

| 全体構想図（教師用） | きれいにさいてね〜あさがおのかんさつ〜 | ○たねをまこう 育てる植物を自分で決め，たねをまいて，成長への願いをもち，植物を大切に育てていこうとする意欲をもつことができるようにする。 | ○せわをしよう 継続的に植物の世話をしたり，観察したりして，植物の変化や成長の様子に気付くとともに，適切に世話を続けることができるようにする。 | ○せわをつづけよう 成長や開花の喜びを絵や文で表現するなどして、植物への愛着を深めたり，大切に世話を続けてきた自分のよさに気付いたりすることができるようにする。 | ○たねとりをしよう 自分が世話をしてきた植物のたねを集めたり，観察したりして，植物がたねから育って成長し，再びたねをつくることに気付くことで，生命をつないでいることに気付くことができるようにする。 |

3 まとめる（2）
○開花の喜びを絵や文で表現し，友達や家の人に伝える。手触り，色，形（〜みたいという比喩表現），大きさ，数，つるの巻き方，友達との比較，自分の気持ちなどを書く。
※咲いた花の数を数える，においや手触りを確かめる，花瓶に飾る，花束をつくるなどして，開花した花との関わりをもたせ，その喜びを絵や文などで表現し，喜び合うようにする。
☆カードをもとに，グループで話し合い，情報交換をして，気付きの質を高めるようにする。
○開花した花を美しく残すため，押し花やたたき染めをする。
- 押し花やたたき染めなどの仕方を調べるとともに，他に，花を美しく残すための方法があるかを調べる。

4 伝え合う（2）
○集めたたねを観察したり，数を数えたりする。
○これまでにかいた記録カードを活用して，まとめの作品をつくり，これまでの栽培活動を振り返る。
※今までの記録カードを活用し，絵本作りをする。その他にも，多様な表現方法を提示し，選ばせる。
☆完成した絵本を家の人に伝える。
☆たねの数をかぞえたり，最初のたねと比べたりする活動を入れる。
※たった一つのたねからたくさんのたねをつくることに気付かせ，生命の不思議さ，すばらしさを実感させる。
※たね→茎→葉→花→たねのサイクルを認識させる。

4 指導資料
(1) 観察カードについて

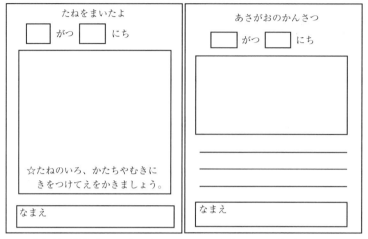

①1年生の5月は，文字で書くことを求めず，たねをよく観察し，絵で記録する（※1）。
②記録の絵については，普段はあさがおをよく観察し絵で表現していたが，状況に応じて，タブレットPCカメラ機能で撮影したものを貼り付けることも行う。
②児童は，成長に変化が見られると教師に伝えてくるので，その時の気付きを観察カードに書くよう促す。
③観察の内容を文で表すときには，あさがおの様子に加え，どんな世話をしたかやこれからどうなってほしいかなど，観点を伝え書かせる。
⑤書き溜めた観察カードをまとめたものと，あさがおクイズを作成したものをまとめて，あさがお絵本をつくる。

(2) 使用した資料（教室内で自由閲覧できるようにする）

『アサガオ』赤木かん子 作（新潮社）
『草花のうえかたそだてかた』松原巌樹 文・絵（岩崎書店）
『あさがお』斎藤光一 絵（フレーベル館）
『フレーベル館の図鑑ナチュラしょくぶつのさいばい』（フレーベル館）
『小学館の図鑑NEO 花』（小学館）
『みぢかなふしぎ絵本3アサガオは朝しかさかないの？』（ポプラ社）
『学校で育てる植物のずかん2夏』おくやまひさし 文・写真（ポプラ社）
『はじめての飼育と栽培7あさがお』（小峰書店）
『くさばなのかんさつ』斎藤君子 構成・解説（実業之日本社）
『ニューワイド学研の図鑑 花』（学研）

『あさがお・ひまわりのそだてかた』（実業之日本社）等
◎ 今回，図鑑を使用するに当たり，「もくじ」と「さくいん」について説明をする。
　「もくじ」…その本に載っている見出し・タイトルがページ順に書いてある。一般的には本の初めのページにある。
　「さくいん」…その本に掲載されている大切な言葉（項目）が，五十音順に並んでいる。一般的には本の最後のページにある。
◎ 常に図鑑やあさがおの写真絵本を学級に展示しておき，児童は成長の様子を本と比べながら観察をする。

10　行動に気をつけて読もう（2年・きつねのおきゃくさま）

○場面や行動に気をつけて読もう

1　ねらい
○きつねや動物たちの行動や様子に気を付けて，気持ちを想像しながら読む。
○お話発表会をする。

2　学校司書との連携のポイント
①事前にねらいや学習の流れについての打ち合わせをする。
②ブックトーク，並行読書用の図書の準備をお願いする。
　　今回は，「きつね」の出てくる本　50冊程

3　学習の流れ「8時間扱い」
（○指導のポイント　●学校図書館利活用のポイント　☆交流のポイント　△指導形態・方法）

1　つかむ（1）
○学習の見通しをもつ。
○あらすじを把握する。
○読み終えたあとの感想を交流し，読みの課題をもつ。
●ブックトークを行う。
・「きつねのおきゃくさま」の学習の発展として，きつねに関連した本を紹介し，物語や登場人物への理解を深めたり，進んで読書を楽しむ態度を育てたりする。
※参考資料「教室でのブックトーク11」東京都小学校図書館研究会・ブックトーク研究会

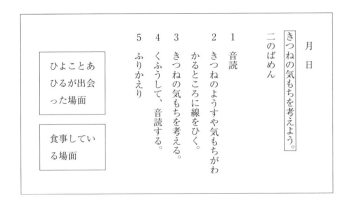

2　調べる（3）
○場面ごとに，登場人物の気持ちを読み取る。きつねの行動や様子に線を引く。
○場面ごとに「きつね日記」を書き，きつねになったつもりで，気持ちの変化を想像する。
●自分で選んだ「きつね」が出てくる本を並行して読み進める。
●「おもしろい，すごい」と思ったところに付箋紙を貼る。

3 まとめる（2）
○「きつねのおきゃくさま」を読み通し，心に残った場面について，自分の考えを書く。
△ グループで交流する。
● 並行して読んできた「きつね」が出てくる話と比べて気が付いたことを書く。

4 伝え合う（2）
○ グループ内で一番心に残ったことを発表し，交流する。
○ お話発表会をする。

● 並行読書を行い，様々な本にふれ，興味の幅を広げる。読書記録カードへの記入をする。

11　だいじなことをおとさずに読もう（2年・たねのたび）

○植物が仲間を増やす工夫を読みとろう。

1　ねらい
○植物が種をさまざまな方法で飛ばして仲間を増やす仕組みを，大事な言葉や文に注意しながら読み取る。
○「たねのたび」図鑑を作成する。

2　学校司書との連携のポイント
①事前にねらいや学習の流れについての打ち合わせをする。
②植物のたねに関わる図鑑等の準備を共に行う。
③科学読み物が紹介できるよう準備をする。

3　学習の流れ「8時間扱い」
（○指導のポイント　●学校図書館利活用のポイント　☆交流のポイント　△指導形態・方法）

1　つかむ（1）
○初発の感想を交流する。
・教材を読んで，初めて知ったことや不思議だなと思ったことを発表する。
・「たねのたび」図鑑をつくるために必要な図書館資料を選ぶ。

2　調べる（4）
○三の草花の仲間を増やす仕組みを比べながら，ワークシートにまとめる。
・段落分けをする。
・筆者の問いかけと，草花の仲間の増やし方
　筆者の問いかけを確認しまとめる。
●図鑑や「たね」に関する本を読み，ワークシートに記入する。

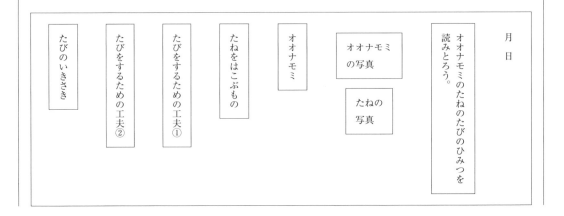

・図鑑作りの見通しを立てる。

3　まとめる（2）
○「たねのたびずかん」を作る。
・自分で調べた草花の種の仲間を増やす工夫を調べる。
●様々な調べ方の提示（今回は，図鑑で調べる）。
　人に取材，博物館で調査，図書館の本
　実物を見て観察，インターネット

4　伝え合う（1）
○交流会を開く。
　・学級のグループで発表する
●図書館で掲示する。
●科学読み物のおもしろさに目を向け，紹介する。

12　読書を学ぼう（2年・ことばを集めよう）　　6～7月指導

○紹介された本を読み，読書の楽しさを味わう。

1　目　標
○紹介されている本に興味をもち，テーマに即したすすめたい本を紹介しようとする。
○紹介されている本を読み比べたり，関連して読んでみたい本を探したりして読書の楽しさを味わう。

2　学校司書と担任の連携ポイント
①日常的に読み聞かせやブックトークなどで，たくさんの図書に触れるようにする。
②教科書に紹介されている本や「ことば」の学習に関係する本，詩集など，幅広い内容の本を揃え，教室に置き，いつでも読むことができる環境を作る。
③読書履歴を学校司書が把握して，個別の支援を行う。
④週に一度読書の時間を設け，学校司書の読み聞かせを聞くとともに，朝読書や図書ボランティア，担任による読み聞かせなどに親しむ。

3　学習の流れ　「6時間扱い」
（○指導のポイント　●学校図書館利活用のポイント　☆交流のポイント　△指導形態・方法）

1　つかむ（2）
○教材文「ことば」を読み，「ことば」の作者が出会った本について考えていることを知る。
※教材文の中にある「どんどん元気が出てくることばの力」を押さえる。
○「ぼくをいじめるとねえちゃんくるぞ」のブックトークを聞き，「ことば」をテーマにした本に興味・関心をもつ。
●教科書に掲載されている本のブックトークをする。
☆「ぼくをいじめるとねえちゃんくるぞ」の「元気が出ることば」を全員で共有する。

2　調べる（2）
○自分がおすすめする本を，本屋さんになって紹介することを知る。
●ブックトラックに「ことば」がテーマになっている本を集めておく。
○「だいじょうぶ　だいじょうぶ」のブックトークを聞き，「ことばの力」に着目して本を選ぶことを確認する。
※読んでいておもしろい，紹介したいと思うところに付箋紙を貼らせる。
○読んでみたい本をさがしてじっくり読む。
○自分の紹介したい本を1冊選ぶ。

3　まとめる　伝え合う（2）
○紹介の仕方を確かめる。
●本屋さんの手本が本を紹介している場面を見せ，お手本を示す。

板書計画（第六時）

本のせかいをひろげよう
～二年二組ブックマーケットで読書の楽しさを味わおう
～「ことば」

【きょうの学しゅうのやくそく】
・本やさんの本のしょうかいは、さいごまでしっかり聞く。
・タイマーがなったら、はく手をしてつぎの本やさんへ行く。
・こんでいたら、べつの本やさんへ行く。
・いどうするときは、走らない。

【きょうの学しゅうのながれ】
一．きょうの学しゅうのやくそくをかくにんする。
二．本やさんAグループのおすすめの本しょうかいをおきゃくさんは、三かい本やさんのしょうかいを聞く。
三．本やさんBグループのおすすめの本しょうかいをおきゃくさんは、三かい本やさんのしょうかいを聞く。
四．本やさんCグループのおすすめの本しょうかいをおきゃくさんは、三かい本やさんのしょうかいを聞く。
五．シールはりタイム
・三つの本に「いいねシール」をはる。
六．読書タイム
・読んでみたい本から一さつえらび、じっくり読む。
七．ふりかえり

○本の紹介カードを書く。
☆ペアで紹介し合い，内容について交流する。
※同じ店員さんとして，互いの紹介を聞き合い，アドバイスし合う。
○紹介カードを修正する。
○話し方の練習をする
○「2年○組ブックマーケット」（※1）を開く。
※お客さんは，紹介される本に興味・関心をもって聞くようにする。
※お客さんは，自分で読んでみたいなと思う本3冊に「いいねシール」を貼る。
○学習の振り返りをする。

※1「2年○組ブックマーケット」とは，児童が本屋とお客に分かれ行う活動。本屋の役は，自分のおすすめの本を紹介する役。お客は，本屋のすすめる本の中から自分で読んでみたいなと思う本を選ぶ役。本屋は，自分の選んだ本をお客に選んでもらうために，紹介文を考える。

4 指導資料

(1)「読書案内」の教材文について

　国語科教科書では，年間を通しての読書指導が可能となるよう，また，学習したことが読書生活につながっていけるよう，各教材の最後に「本の紹介コーナー」を置き，読書習慣が身に付けられるようにしている。児童が自ら進んで本を手に取るよう，意識付けができるようにすることがねらいである。担任や学校司書が目の前の児童に語りかけるよう，あたたかな口調で自らの読書体験を語り，心を揺り動かされた本を紹介する。そのことが児童にとって貴重な体験であり，読書の世界への新たな興味を喚起することが期待できる。

　2年生の教科書から，6年生の教科書まで，各学年で読書案内や読書紹介コーナーが掲載されており，それぞれテーマが設けられているはずである。例えば，2年＝「ことば」，3年＝「学

校」，4年＝「こころ」，5年＝「友だち」，6年＝「いのち」のようにである。そして，何冊かの本が取り上げられている。テーマに関連した本を，児童の心に届くよう，読みきかせ・ブックトークの手法を担任が学校司書と連携を深め，身に付けることが必要である。

(2) ワークシート①（紹介したい本の一覧）

貸出日	本のなまえ	いいねシール	返却日
	ありがとう　ともだち		
	おじいちゃんちでおとまり		
	ぼくがラーメンたべてるとき		
	けんかのきもち		
	にんきものひみつ		

(3) ワークシート②（本の紹介カード）

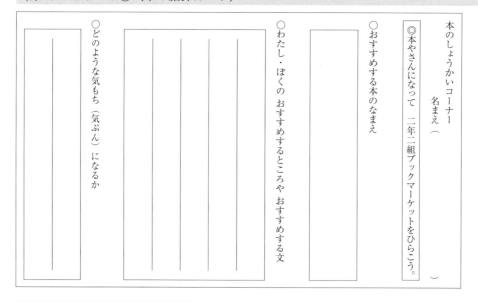

(4) 学習の振り返り事項

○きょうの学しゅうをとおして，じぶんのおすすめする本をしょうかいすることができましたか。　　　　　　　　　　　　　　　　　　　　　　　　　（◎　○　△）

○きょうの学しゅうをとおして，読みたい本をさがすことができましたか。　（◎　○　△）

○「本のしょうかい」の学しゅうで，よかったことやたのしかったことはなんですか。
（　　　　　　　　　　　　　　　　　　　　　　　　　　　　　　　　　　　）

第2章 学びを高める中学年

Ⅰ 中学年のための学校図書館活用ナビ―読書の世界を広げ・読む力をつける―

1 発達段階に応じた読書支援をすすめるために

　　中学年は文章を読むことにも慣れ，自発的に読書に取り組む児童が増えてくる。一方で，読むことに苦手意識があり，読み取る力が弱いなど個人差が表れてくる時期でもある。読むことを書くことにつなげられるよう，各々の発達段階に合わせて指導・支援をしたい。

(1) 教科学習での図書館活用を充実させる

　　国語教科書の発展読書のみならず社会科，算数科，理科等においても文章の読み取りに気を配る。何を求められているか，ポイントになる言葉は何かを見落とさないようにしたい。
　　社会科：インタビュー，アンケートなど簡潔な文を読む・書く。図表の読み取り。参考文献を活用する。
　　算数科：文章問題での言葉の読み取り。グラフの読み取り。
　　理　科：図鑑・百科事典の活用等において，必要な文章の抜き書き，要約の力を付ける。

(2) 図書の時間を有効に活用する

　　漫然と読むだけの時間になってはいないか。図書の時間は目標をもって取り組ませたい。
　　物語：各自の力量に合った文章量・語句・漢字（振り仮名の有無）の見極め。
　　説明文：社会科学・自然科学・芸術分類の図書館資料の読解。
　　小学校での学級担任制の利点のひとつは，教科横断的な授業を展開できることにある。たとえば，社会科の教科書に掲出された言葉の意味を国語辞典で調べる，理科の単元で扱った生きものの関連読書をするなど，教科の枠を超えて図書館資料の活用を促し読む力を高めたい。

(3) 読書活動の方策

①教科書教材からの発展読書
　　教科書に掲載された作品の原本を読むことで新たな発見があるだろう。司書教諭や学校司書との協働を図り資料をそろえたい。
・教材に取り上げられた作品を原本で読む，教科書に紹介された図書を読む。
・教材と同じ著者の他作品を読む。（例：岡田淳，あまんきみこ，神沢利子，新美南吉など）
・教材と同じテーマの他著者の作品を読む。
　　（例：トラがでてくるお話，昔話・民話，学校が舞台の物語など）

> 小学校学習指導要領（平成29年度告示）解説・国語編・第3学年および第4学年（一部抜粋）
>
> B　書くこと
> ア・相手や目的を意識して，経験したことや想像したことなどから書くことを選び，集めた材料を比較したり分類したりして，伝えたいことを明確にすること。
> ウ・自分の考えとそれを支える理由や事例との関係を明確にして，書き表し方を工夫すること。
> 〈言語活動例〉
> 調べたことをまとめて報告するなど，事実やそれを基に考えたことを書く活動。
> C　読むこと
> ア・段落相互の関係に着目しながら，考えとそれを支える理由や事例との関係などについて，叙述を基に捉えること。
> ウ・目的を意識して，中心となる語や文を見付けて要約すること。
> カ・文章を読んで感じたことや考えたことを共有し，一人一人の感じ方などに違いがあることに気付くこと。
> 〈言語活動例〉
> ウ・学校図書館などを利用し，事典や図鑑などから情報を得て，分かったことなどをまとめて説明する活動。

②読書ノートの活用

　読書の記録を付けるだけで終わりにしていないか。読書の記録は宝の山である。司書教諭や学校司書と協働し，読んだ本の内容にも気を配りたい。

・定期的に読書ノートを確認する時間を設ける。読書量，読書傾向，指向，読書の変遷などが分かり個別の指導につなげられる。
・絵本，図鑑類などの文章量の少ない本ばかりに偏っていないかを見極める。
・読書の偏りをただす方策を考える。いろいろな分類の本に触れさせる。
・児童は自らの読書の振り返りを，教員は児童の読書を認め成長を促す機会にしたい。

③全校図書館活動を有効に利用

　学校全体での図書館イベントなどに，学級全体でかかわることで読書への意識付けを促したい。

・読書月間や読書週間などの，設定された期間を最大限活用する。
・学級でも図書イベントを実行する。

2　読書支援（3年生）

（1）読書の幅を広げる

この時期の児童は，絵本・幼年童話・物語を読む者が混在している。教科学習では生活科が社会科・理科となり，科学的なものの見方や体験的な学習により，図鑑・地図・事典・辞典に触れる機会も増える。児童の興味・関心に応じた読書活動が求められる。
　①読み聞かせ，ストーリーテリング（素話）など物語を「聞く」こと。
　②ブックトーク，読書ビンゴなどを利用して多分野の図書を知る機会を設ける。
　③朝読書，帰りの会などの時間を活用して，図書紹介や一言感想の発表をする。書名の告知だけでもかまわない。これから読みたい本を発表してもよい。

（2）読む力を付ける
　音読と黙読の違いを認識して使い分けることができるようにしたい。黙読の際に読むスピードが上がらない場合は，声に出さずに音読をしていることもある。
　①多読は悪いことではない。量を読むことで語彙力を上げられるようにしたい。
　②場面の理解，登場人物の心情の変化などの読み取りを支援する。実体験からも想像力が培われるだろう。本の内容について会話を促す。

3　読書支援（4年生）

（1）読書の幅をさらに広げる
　幼年童話などから移行し「サバイバル」「かいけつゾロリ」など軽読書用のシリーズから離れられない児童が一定数存在するようになる。読書への興味をもてないままスポーツなどへ関心が深まることもある。向上心をもった読書への手立てが必要となる。
　①読書会・ペア読書など，本の内容を要約し自らの感想を簡潔に相手に伝える活動を取り入れる。学級内での必読図書を設定してもよい。
　②伝記・ノンフィクションなどを読む機会をつくる。
　③担任がすすめる本は，興味をもつ一番の理由になる。大人こそよい読書を！

（2）読む力を付けるとともに情報活用能力を育てる
　個に応じた読書活動となるよう，読書記録の振り返りを行う。物語以外の文章も読書の範疇であることを確認する。引用・要約の手法も学ぶ。
　①記録をすることは今後の学習における参考文献の活用に役立つ。
　②記録文・小論文・新聞などに触れさせる。「読む」ことから「書く」「伝える」活動につなげられるよう配慮する。

Ⅱ 指導事例

1　国語辞典を使おう（3年）　　　　　　　　　　7～9月指導

○ 言葉に関心を持たせる。「早い・速い」等，教科書教材の説明文指導や社会科の区市の学習資料（パンフレット）等と関連させる。
☆ 国語教科書「図鑑で調べよう」と関連させて取り扱う。

1　目　標
○ 国語辞典・図鑑を使う良さに気付き，使い方が分かる。
○ 国語辞典で言葉の意味や例文を参考に，文章中に使われる言葉の意味や使い方に習熟するよう日常的に国語辞典・図鑑を使う態度を育てる。

2　学校司書と担任の連携ポイント
①五十音順表及び言葉の並び順の表，言葉の終止形（言い切りの形）を示す表等の準備・分担。
②4・5・6年で指導する国語辞典の使用に関連する指導資料準備（3年で指導する内容と系統性の明確化）。
③名詞・動詞・形容詞・外来語等調べさせたい言葉を，ワークシートまたは学校図書館ノートとして作成する。（入門編）
④教科書教材（国語科以外の教科書も使用する）の文章中の言葉について国語辞典を使って調べ，書き込むための形式を相談する。
※教科書教材「図鑑で調べよう」「漢字辞典を引いてみよう」等で調べる言葉と関連させて調べさせてもよい。
※各教科書や資料を読む過程で，分からない言葉等を調べられるように，国語辞典・漢字辞典・図鑑をブックトラックで用意し，2週間程度毎日調べさせ，定着化を図る。（一人1冊）継続させるとよい
☆図鑑の指導と関連させ，それぞれの良さに気付かせる。

3　学習の流れ「4時間扱い」
（○指導のポイント　●学校図書館利活用のポイント　☆交流のポイント　△指導形態・方法）

1　つかむ（1）
○「国語じてんをつかおう」で取り上げられている言葉について，電子黒板を活用して調べ方を示す。（予算・植物・事典・物語・加法など）
○五十音順・言葉の並び順について，再確認する。
△言葉の並び順については，繰り返し指導及び個別指導を行う。

☆黒板（電子黒板・タブレット PC，例示は縦書きだが横書きも可）

```
全体構想図  ｜ 国語じてんをつかおう

国語じてんで調べたことを発信しよう
○学習内容
一 国語じてんのつかいかた。
二 「予算」をしらべよう。
三 「速い・早い」をしらべよう
四 意味とれい文を見る
五 言葉のつかい方

予算の意味
早い
速い
○
○
早いと速いの意味

早いと速いを使って短い文をつくろう
○ ○ ○
```

○「速い・早い」について，各自で調べる。
※意味と例文を，ノート等に視写させる。
○「はやく走る」「はやく着く」は，どの漢字を使うか？，それはなぜ？

2　つかむ（1）
○「形がかわる言葉」を読み，言い切りの形（終止形）で調べればよいことに気付かせる。
△「長い」「続く」以外の言葉も取り上げて，実際に調べる（個別指導）。
○「文の中での意味」を読み，二つ以上の意味を持つ言葉については，文章の前後のつながりや例文から判断することを理解する。
※例文を用意し，調べさせてから答えを記入させる。

―――1, 2 を 1 時間で指導する―――

3　調べる（1）
○「国語じてんをつかおう」の次の説明文単元を使い，分からない言葉を調べる。
※学習していない単元の方が効果的。
※ノートの使い方を統一しておく。
　例・見出し（調べる言葉）・意味・使い方等
△グループ学習の形態にして，互いに教え合わせてもよい。

4　調べる（1）
○社会科「消防署のはたらき」や「区役所」などの学習関連資料から，分からない言葉を調べる。
△「見学」にいくグループに分かれて調べる。
※パンフレット・リーフレット等の資料を準備しておく。

―――※ノート等は，学習後，確実に点検し指導に生かす―――
―――3, 4 を 1 時間で指導する―――

5　調べる（1）
○図鑑の目次と索引について知る。
※学校司書と連携して指導する。
○教科書に掲載されている事柄を 2 つ選んで，図鑑で調べる。
※植物図鑑が全員に準備できない場合は，動物図鑑等と併用する。

○「目次でしらべる」「さくいんからしらべる」，2つの方法で調べられるようにする。
○しらべたことがらについて，国語辞典でも調べられるか確認する。
※地図帳にも「さくいん」があることに気付かせる。

6　まとめる（1）
○「イネ」「コムギ」（「イネとムギ」より）について，国語じてんと植物図鑑を使って調べよう。
○調べたことをノート・ワークシートに書く。
●図鑑では，写真や絵図を活用すると分かりやすくなることに気付く。
「図鑑」には，様々な種類があることに気付く。
（学校司書が紹介）　　　────5,6を1時間で指導する────

7　伝え合う（1）
○「きかい」「あう」という言葉について調べさせる。調べた結果を，ノート・ワークシートに記入する。
○「コスモス」「ひまわり」について，図鑑で調べ，結果を記入する。
※絵図を使ってもよいことを伝える。
○調べた結果を，グループ内で伝え合う。

8　伝え合う（1）
○国語じてんと図鑑のそれぞれの使い方や良い点について，グループでまとめる。
△机間指導・巡回指導をきめ細かに行う。
※まとめ方は，あらかじめ設定しておいてもよい。
（グループで1枚の模造紙にまとめる。話し合った結果を各自ノートにまとめる。ワークシートに書き込む等）　　　────7,8を1時間で指導する────

4　指導資料（国語辞典）

(1) 国語辞典の活用

1　国語辞典は複数の出版社の辞書を用意する。　　　○比べさせる。
　（全員に持たせる国語辞典は共通のものがよい。）　○出版社により異なる。

2　「マイ辞書」のような使用形態にして，調べた言葉のページに付箋紙を添付していくことで，習慣化を図る。

3　日本語には同音異義語が多いため，聞くだけでは意味がはっきりしない場合があることに気付かせる。→調べる（同音異義語をいくつか調べさせる）。

4　用例（文例）が参考になること，新出漢字の練習にはこの用例（文例）の文章を使って覚えるとよいことを指導する（漢字ドリルにも文例があるので，それを使っても良い）。

5　国語辞典には，言葉を調べるだけでなく，その他にも使える部分があることを示す。

(2) 国語辞典の発展（4・5年・中学校指導内容）

○4年
1　言葉を易しく言い換える。
　※1年生に「希望」の意味を教えるには？

2　まぎらわしい言葉の使い分け
　　※同音異義語
3　似た言葉・反対の意味の言葉
　　※「しめる」と「とじる」
　　　「欠点」の反対の意味は？
○5年
○国語辞典で受け継ぐ言葉の文化
　　※慣用句・ことわざ
　　　「板につく」「情けは人のためならず」
　　　「役不足」「気が置けない」等
○中学校（1年）
※「こんなことも調べられる」
1　品詞を知りたいとき
2　意味が似ていることばや反対の意味のことばを知りたいとき
3　漢字を知りたいとき
※2つ以上のことばを調べて意味を比べることにより，意味や使われ方の違いを知る。

(3) 図鑑・地図帳・漢字辞典

○図鑑
○目次と索引の使い方を確実に身に付ける。
○絵図・写真の見方を知る。
○説明文から「引用」「要約」する仕方を知る。
○地図帳
△地図帳のページには，縦横の区分けがあり，調べやすくなっていることを知る。
△地図帳には，索引があり活用できることを知る。
△方位を示す記号やその他の記号の意味を知る。
△降水量や気温の変化等，グラフ等の読み取り方を知る。
※都道府県名・県庁所在地・地方・代表的な山や川
※産業や交通，日本の周りの海洋・海流・国名
○漢字辞典（3年の指導内容）
☆漢字辞典は，漢字の読み方や意味・使い方，漢字の成り立ちが調べられることを知る。
☆部首と画数について知る。
☆部首さくいんで実際に調べる方法を身に付ける。
☆画数で調べる方法を身に付ける。
※漢字の読み方が分からなくても調べることができることに気付く。

2　次のステージへ （3年）　　　　　　　　　　　　　　6～7月指導

○国語科の「読書の紹介・読書案内」を読み，本の紹介を聞き，学校生活について考える本を選んで読み，読書の範囲を広げる。

1　ねらい
○学校生活を中心にした本を選び，進んで読もうとする。
○興味・関心に応じながら適切な本を紹介することにより，読書の範囲を広げていけるようにする。

2　学校司書と担任の連携ポイント
①ほとんどの学校で学級編成替えがあり，新しい教科学習が開始され，行動範囲や興味・関心が広がるこの時期に個に応じた適切な本を紹介できるよう綿密に打ち合わせる。（推薦図書リストの作成と活用）
②どのように本を手渡すかの工夫を行う。特に，読書案内等で紹介されている本は女子向きが多いため，学校司書と十分打ち合わせて男子の興味・関心に応じた本も紹介できるようにする。
③国語教科書で紹介される様々な本を，担任と学校司書が分担し工夫して案内し，興味・関心をもたせ，読書の幅を広げる。
④保護者会等で取り上げた本を紹介し，夏の家庭読書につなげる。
⑤この単元では，読書後の感想を求めず，十分に読み，本の世界に浸り込む時間を工夫して設定する。（朝・昼の休み時間の活用）
⑥読んだ本の書名・作者名・出版社・読了した日付等を記録させる。
※図鑑等を読書冊数・ページ数としてカウントするか検討しておく。
●担任が推薦する本を複数，必ず準備し，紹介すること。
※まだ，絵本から離れられない児童，読み物の世界に浸りきれない児童がいる点に留意し，系統的に読書範囲を広げていくようにする。

3　学習の流れ「2時間扱い，ただし，朝・昼読書等，読む時間を設定」
（○指導のポイント　●学校図書館利活用のポイント　☆交流のポイント　△指導形態・方法）

1　つかむ（1）
○「読書紹介・読書案内」を読み，学校生活や友達について想像する。
●学校司書から本の紹介を聞き，読みたい本を選ぶ。
※7～8冊程度，紹介する。男子が興味・関心をもちそうな本を必ず入れるようにする。
※ブックトラックを活用し，友だち・学校生活等に関する本を児童数の2倍程度用意する。

☆黒板（電子黒板・タブレットPC，例示は縦書きだが横書きも可）

全体構想図	紹介された本などをたくさん読もう

読書紹介・読書案内
○学校生活に関連する本の紹介を聞こう
一 あのときすきになったよ
二 雨やどりはすべり台の下で
三 となりのせきのますだくん
四 おともだちにナリマ小
五 担任・学校司書のお薦めの本

読んだ本を記録しよう
書名
作者名
出版社
読み終えた日・ページ数

友だちに本を紹介しよう
○ ○ ○

- 紹介する本は，必ず複数揃えておく。
※時間内に紹介できない場合は，図書リストを配布する。

2 つかむ (1)
○紹介された本を参考にして，読みたい本を選んで読む。
※読む時間を保障する。少なくとも，20分程度は読む時間を設定する。
- 次々に本を取り替える児童への支援を行う。
※担任も支援しながら，「40〜50ページ読まないと，本の世界に入り込めない」点を指導する。
※その日のうちに，40〜50ページ読めるよう，休み時間等を活用する点に配慮し指導する。

―――1,2を1時間で指導する―――

3 調べる（読む）(1)
○選んだ本の続きを読む。（この時間までにどれだけ読めたか，確認しておくこと）
※15〜20分程度読む。
※残りは，休み時間や家で読むようにすることを伝える。
☆友達の選んだ本について聞く。
- 読み始めて，本を取り替えたい，おもしろくないと児童が感じている場合は，再度よく話を聞き，支援する。
※分からない言葉をすぐ調べられるように，図書館資料を手元に置くよう配慮する。

4 調べる（読む）(1)
○担任のおすすめ本の紹介を聞く。
※友だち・学校に関する本を事前に準備し，紹介の仕方を学校司書と相談して効果的な演出を行う。
△前時に紹介された本や担任の推薦本等を参考に，自分が読む本をリストアップし，夏の読書計画を立てる。
※児童が作成した読書計画は，保護者に伝え，家庭読書等の協力を依頼する。（紹介した本も伝える）
※夏休みに読む本の中から，読書感想文を書いてよいことも伝える。
- 休み時間等，読む時間に活用するよう配慮する。

―――3,4を1時間で指導―――

4 指導資料（学習指導要領　国語科　・C 読むこと）

☆「読むことと書くことの一体化を進める。児童は教師の案内とコメントを待っている。」

第3学年及び第4学年　　・C 読むこと

ア　記録や報告などの文章を読み，文章の一部を引用して，分かったことや考えたことを説明したり，意見を述べたりする活動。

イ　詩や物語などを読み，内容を説明したり，考えたことを伝え合ったりする活動。

ウ　学校図書館などを利用し，事典や図鑑などから情報を得て，分かったことなどをまとめて説明する活動。────※ア〜ウ，言語活動例────

イ　登場人物の行動や気持ちなどについて，叙述を基に捉えること。
　　　　　　　────※文学的文章の読み，構造と内容の把握────

エ　登場人物の気持ちの変化や性格，情景について，場面の移り変わりと結び付けて具体的に想像すること。
　　　　　　　────※文学的文章の読み，精査・解釈────

第3学年及び第4学年　　・B 書くこと

ア　調べたことをまとめて報告するなど，事実やそれを基に考えたことを書く活動。

イ　行事の案内やお礼の文章を書くなど，伝えたいことを手紙に書く活動。

ウ　詩や物語をつくるなど，感じたことや想像したことを書く活動。
　　　　　　　────※ア〜ウ，言語活動例────

ア　相手や目的を意識して，経験したことや想像したことなどから書くことを選び，集めた材料を比較したり分類したりして，伝えたいことを明確にすること。
　　　　　　　────○題材の設定　○情報の収集　○内容の検討────

イ　書く内容の中心を明確にし，内容のまとまりで段落をつくったり，段落相互の関係に注意したりして，文章の構成を考えること。────○構成の検討────

読書能力と読書興味の発達段階

☆読書習慣形成期（2〜3年生）
　○本を読む習慣がつき始める。
　○語彙数が増える。
　○推測したり情景のイメージをつかんだりできるようになる。

☆童話期（2〜3年生）
　○童話を中心に興味が広がる。
　○架空の物語や昆虫・恐竜・天体などの特定分野に強い興味をもつ子がでてくる（同じシリーズの本ばかり読む子がでてくる）。

※「読書習慣形成期・童話期」は阪本一郎「読書能力の発達と読書興味の発達」より

☆この段階の読書指導が極めて重要☆

- ○担任の意図的・日常的な働きかけ
- ○担任の読み聞かせ・ブックトーク
- ○担任の推薦図書リスト
- ○担任のコメントやヒント

☆<u>学校司書と具体的に連携を深める</u>☆
- ○1週間前に連絡・打ち合わせを行う。
- ○本の紹介・案内の役割分担
- ○ねらいに応じた本を必要数確保

5　情報活用能力の基礎を育成する

(1) 低学年で身に付けている情報活用能力
①学校図書館の図書の配架（並べ方）
※本の探し方
②図書の貸出方法と読んだ本の記録の仕方
③図鑑等の目次と索引の活用の仕方
④タブレットPCの写真機能の使い方
⑤教科書教材中の図表・写真・挿絵の理解
⑥各教科の学習ノートやワークシートの記入
☆<u>上記①～⑥は3年1学期中に再度指導する。</u>

(2) 3年生で指導育成すべき情報活用能力
①国語辞典の活用の仕方（日常的に活用させる）
②漢字辞典の初歩的活用の仕方
③初歩的な地図記号と初歩的な地図の書き方
④地図帳の目次と索引の活用（4年生でも指導）
⑤調べたりする際に必要な図書を選ぶ能力
⑥引用の仕方
⑦付箋紙の活用の仕方
⑧タブレットPCへのローマ字入力の習熟

(3) 付箋紙の活用・指導場面　（見学等での活用も有効）
①図鑑・辞典等で必要な情報の場所を示す
②質問や分かったことを簡単に書く
③調べたことを書き出す

☆1事項に1枚の付箋紙を使う
☆付箋紙の大きさ・色は，目的に応じて使い分けるように指導する

(4) 調べたこと（見学）を付箋紙活用で整理
〈事例・消防署の様子〉
①グループや個人で調べたいことを決める
②聞くこと・見ること・本で調べることに分ける（1事項に1枚，簡潔に短く書く）
③見学・インタビュー・調べたことについて，付箋紙に記入（個人の活動）
④テーマを書き，模造紙等に付箋紙を貼る（相談し，似た内容は重ねて貼る。まとまりごとに小見出しを付ける。より大きなまとまりがないか検討）
⑤まとまりを整理し，見出しを分かりやすく

6 読書の幅を広げる指導の基礎
(1) 環境整備
①児童の読書紹介，ポスター等の掲示と学級文庫の整備及び推薦図書リストの掲示（部分的に掲示）
②各教科等の単元に応じた図書の展示（ブックトラック等）
③日常的な担任・ボランティアによる読み聞かせ
④国語教科書等の読書案内・紹介を確実に実施
⑤読書する時間の確保。（朝の会・給食・休み時間）
⑥家庭の読書への働きかけを工夫
※ボランティア任せにしない。学校司書と連携強化が前提

(2) 適時に適切な本を多様に（担任が本好きになることが大事）
①ブックトークその他の読書をすすめる手法の研修を
②児童の興味・関心，各教科等学習に応じた課題，季節や行事に応じた話題，関心事の児童の関心や意欲を把握し，読書紹介に生かす
※これらの課題や行事等に即した本の紹介
③学校公開授業日等に，学校図書館を活用した調べる学習や読書指導の時間をもち，保護者の関心を高め深める機会とする。（学年全体で取り組む）
④読書月間・長期休業前の読書指導を大切に行う

3　漢字辞典を使おう（4年）　　　　　　　　　　　　　　7〜9月指導

○漢字の構成や成り立ちが理解できるように導く。
　熟語に興味・関心をもたせる。
☆国語教科書「百科事典で調べよう」と関連させて取り扱う。

1　目　標
○漢字辞典・百科事典を使う良さに気付き，進んで使おうとする。
○漢字には部首と画数があることや漢字辞典の構成や使い方を理解し，漢字の書き順・成り立ち・使い方等に興味をもって調べることができる。

2　学校司書と担任の連携ポイント
①3・5・6年生で指導する漢字辞典の指導内容の確認・明確化を行う。
　（4年生で指導する内容と系統性の明確化と図書館資料の準備）
②漢字の部首・画数・筆順や成り立ちから漢字を調べることに興味・関心をもたせる資料提示を工夫する。（一人1冊の漢字辞典）
③百科事典の学習は，調べさせる項目をあらかじめ児童数分用意する。
※教科書教材「百科事典で調べよう」「漢字辞典を使おう」で調べる。
　言葉と関連させてワークシート・図書館ノートを工夫する。
※国語辞典・漢字辞典・図鑑・百科事典をブックトラックで用意し，2週間程度毎日調べさせ，定着化を図る。（一人一冊）「継続させるとよい」
※ワークシートの工夫が重要。部首・画数・複数の読み方・複数の意味
・例・筆順と成り立ち，関連する熟語等，指導内容と段階に応じて書き込みができるようにすること。
☆漢字の部首・総画数・成り立ちの指導は，全員が理解し辞書を使えているか確認しながら繰り返し指導を行う。

3　学習の流れ「4時間扱い」
　（○指導のポイント　●学校図書館利活用のポイント　☆交流のポイント　△指導形態・方法）

1　つかむ（1）
○「漢字辞典を使おう」を読み，①漢字の読み方が分かっている場合，②部首の見当がつく場合，③読み方も部首も分からない場合の漢字の調べ方について気付かせる。
○出版社の異なる漢字辞典について，学校司書が紹介する。
○「村」という漢字を調べる（「祝」が教科書で扱われる）。部首の確認を行う。
○部首を使って漢字辞典で調べ，分かったことをワークシートに記入させる。
○音訓引きの説明を聞く（ここで教科書が取り上げている「祝」を音訓引きで調べる）。

☆黒板（電子黒板・タブレットPC，例示は縦書きだが横書きも可）

全体構想図

漢字辞典を使おう

漢字辞典の使い方
○学習内容
一　漢字の読み方がわかっているとき
二　漢字の読み方がわからないとき
　○画数で調べる
　○部首で調べる
☆漢字辞典の使い方をまとめよう

漢字辞典に書いてあること
○画数　部首
○音訓読み、注意する読み、特別な読み
○筆順
○意味　例・熟語
○漢字の成り立ち

漢字辞典で調べてみよう
☆部首引き・総画引きで調べよう
○村・祝・借・育
○ペアで問題を出し合って調べよう

2　つかむ（1）
○「借」の漢字を音訓引きで調べさせ，ワークシートに記入する。
○総画引きの説明を聞き，「育」の漢字を総画引きで調べる。
○「育」の漢字について，読み方・筆順・成り立ち・意味・例・関連する熟語について記入する
　（○時間があれば，「柱」「場」の漢字を，部首引き・総画引きの2つの方法で調べ，音訓読み・筆順・成り立ち・意味例・関連する熟語等を記入する）。
　　　　　　　　　――1, 2を1時間で指導する――

3　調べる（1）
△二人組で，互いに漢字の問題を出して，部首引き・総画引きの2つの方法で調べ，ワークシートに記入する。（一人2文字まで）
○この単元で学ぶ新出漢字について，部首引きか総画引きのどちらかの方法で調べ，ワークシートに記入する。

4　調べる（1）
○これまでに調べ記入したワークシートを振り返り，漢字の調べ方について自分の考えをまとめる（漢字そのものについては，取り上げても良いが，別の機会にする方がよい）。
△漢字の調べ方について，グループで交流し，それぞれの特徴についてまとめる。
☆4年生で学ぶ漢字について，「マイ漢字辞典を作ろう」と提起し，継続的に調べ，習熟させる。
※ワークシート等は，学習後，確実に点検し指導に生かす
　　　　　　　　　――3, 4を1時間で指導する――

5　調べる（1）
○百科事典について，学校司書の紹介を聞く。→「つめ」「柱」の使い方
○目次と索引の使い方を復習し，百科事典の各項目の書かれた文章構成について知る。
※百科事典の各項目の最初の文章は，その項目についての定義でありそれは引用し「　」で示すこと。（百科事典名・出版社等も記入）その後の文章は要約でよいことを指導する。図表・写真・絵等はコピーできないことも伝える。
※百科事典は，一人1冊用意するが，同じ事典は無理なので，調べさせる項目については児童数分

以上準備して，調べさせる。
☆タブレットPC活用

6 まとめる（1）
○児童一人当たり2つ以上の項目について調べ記入させる。
☆「つめ」「柱」を使って，「索引・目次」を使って調べる等，複数の方法に習熟させる。
※タブレットPCで検索した結果と比べさせることも可能。
※調べた結果を記入するワークシートを工夫する。
○調べて記入した後で，振り返りを行い，百科事典はどんな場合に使うと便利か等，気付いたことをまとめる。
※漢字辞典と調べ方の違いについても気付いたことをまとめさせる。
―――5，6を1時間で指導する―――

7 伝え合う（1）
○国語辞典で調べる（同音異義語かことわざ），漢字辞典で調べる（新出漢字），百科事典で調べる（指示された項目・タブレットPCでも調べさせる）。
○それぞれの事柄について，調べた結果をワークシートに記入し，振り返り，気付いたことを各自でまとめる（辞書や事典は，多くの専門家が関わり，複数の目で校正されていることも伝える）。

8 伝え合う（1）
○国語辞典・漢字辞典・百科事典・（タブレットPC）で調べたことの振り返りから，気付いたことをグループで伝え合う。
※気付きをまとめる視点を示すこと。
・調べる対象，調べ方，まとめ方，調べた結果の生かし方，便利さや正確さ等
☆適切な方法で調べることの大切さに気付き，調べることを継続する意欲をもつ。
※ブックトラック等で各種の辞書等を教室内に配置し，適切な課題・目標をもたせる。
―――7，8を1時間で指導する―――

4 指導資料（漢字辞典）

(1) 漢字辞典の指導

1　漢字辞典は複数の出版社の辞書を用意する。　　　　　○比べる。
　　（全員に持たせる国語辞典は共通のものがよい。　　　○出版社により異なる。
　　複数の調べ方で比較させる）

2　「マイ辞書」のような使用形態にして，調べた言葉のページに付箋紙を添付していくことで，習慣化を図る。

3　漢字辞典では，漢字が部首ごとにまとめられており，同じ部首の中では，画数の少ないものから順に並べられていることを確実に指導する。

4　漢字の成り立ち（象形文字や会意文字等）
　意味・筆順・その漢字を含んだ熟語等を丁寧に指導し，漢字に興味をもたせ，語彙数を増やす。

5　調べた結果を記入させるワークシート又はノートの形式や記入項目を工夫する。

(2) 漢字辞典指導の系統（3・5・6年・中学校指導内容）

○3年
1 氵（さんずい）・糸偏・言偏等，偏やつくりを指導。
2 画数の指導と部首索引の活用

○5年
〈漢字辞典で受け継ぐ言葉の文化〉
1 「登竜門」「他山の石」等の故事成語の指導
　※「水魚の交わり」「太公望」「助長」　※故事成語は，国語辞典でも調べられる。

○6年
〈漢字辞典から広がる文学の世界〉
1 象形文字・会意文字・形声文字に関する指導
　※「山・川・田・泉・革・豊・上・中・下」等
　　「明・鳴・困・位・解・岩・休」等　「河・飯・洋・粉・供・批・誌」等
2 漢字の成り立ちについて，重点的に指導

○中学校1年〈漢和辞典〉
1 凡例・略語表の確認と漢和辞典の活用
2 部首索引・音訓索引・総画索引の使い方
3 熟語・故事成語等

(3) 百科事典

○百科事典の指導は，4年・国語教科書にしか掲載されていないため，調べ方・引用・要約・著作権等も含めて確実に指導すること。

※百科事典は，学校図書館に所蔵されている冊数・種類が限定されるため，児童全員が同じ事典を使うことが困難であるので工夫が求められる。
　（百科事典の出版社の出張サービスを活用等）
　　・できれば2種類以上の百科事典を提示

※調べたことを記入するワークシート等の工夫

☆学校司書と担任が連携を具体的に深めるために，必ず事前に打ち合わせを行うことが重要。
　・百科事典の蔵書数と種類の確認
　・出版社への連絡・相談と他校等から借りる等の連絡
　・「背」「つめ」「柱」の見方・使い方
　・目次・索引の活用
　・百科事典の紹介や構成の特徴と引用する場合の注意点（著作権）

○百科事典で調べることとタブレットPC検索の特徴や差異について，ネチケットも関連させ指導する。

4 読書の幅を広げる（4年） 　　　　　　　　　　　　6〜7月

○国語科の「読書の紹介・読書案内」を読み，本の紹介を聞き，学校生活について考える本を選んで読み，読書の範囲を広げる。

1 ねらい
○これまでの生活を振り返り，自分の心を見つめるような本を選ぼうとする。
○生活や友達についての適切な本を紹介することにより，読書の範囲を広げることができる。

2 学校司書と担任の連携ポイント
①児童のこれまでの読書履歴等を分析し，より広い範囲で読書するようこの時期の個に応じた適切な本を紹介するため，綿密に打ち合わせる（推薦図書リストの活用と学級文庫の整備）。
②学校生活で1週間に読書を行う時間について見直し，工夫して指導計画を立てる。特に，読書案内や担任が紹介する本等は，十分打ち合わせて複数本を準備し，読書月間に集中して読む時間を確保する。
③国語教科書で紹介される様々な本を，担任と学校司書が分担し工夫して案内し，興味・関心をもたせ，読書の幅を広げることを継続する。
④家庭読書の意義を保護者会・学年通信で説明し協力を呼びかける。同時に，保護者から心に残った本を推薦していただき，学校司書が用意する。
⑤心に残った本を友達に紹介する場を設定する。
※図鑑等を読書冊数・ページ数としてカウントするか検討しておく。
●読み聞かせ等をボランティア任せにせず，担任が行う。
※担任が心を込めて読み聞かせたり紹介したりすることは，児童が本好きになる重要な機会である。

3 学習の流れ「2時間扱い，ただし，朝・昼読書等，読む時間を設定」
（○指導のポイント　●学校図書館利活用のポイント　☆交流のポイント　△指導形態・方法）

1　つかむ（1）
○担任が読んだ本の中から，心に残った場面等を語る。
○「読書紹介・読書案内」を読み，学校生活や友達について，想像する。
※7〜8冊程度，紹介する。男子児童が興味・関心をもちそうな本を必ず入れる（学校司書との連携）。
※ブックトラックを活用し，友だち・学校生活等に関する本を児童数の2倍程度用意する。
●紹介する本は，できれば複数揃えておく。
※時間内に紹介できない場合は，図書リストを配布する。
2　つかむ（1）
○自分の読書生活を振り返り，読むことが少ない分野をチェックする。

☆黒板（電子黒板・タブレットPC，例示は縦書きだが横書きも可）

```
全体構想図：紹介された本や自分で選んだ本を読もう

読書紹介・読書案内
○自分の心を見つめよう
 一　わたしと小鳥とすずと
 二　海のしろうま
 三　はらっぱ
 四　天使のいる教室
 五　担任・学校司書のおすすめの本

読んだ本を記録する習慣をつけよう
 書名
 作者名
 出版社
 読み終えた日・ページ数

心に残った本について感想を書こう
 ○　○　○
```

○担任の語りや紹介された本を参考にして，読みたい本を選んで読む。
※読む時間を保障する。少なくとも，15分程度は読む時間を設定する。
※担任も支援しながら，はじめに「40〜50ページ読まないと，本の世界に入り込めない」点を指導する。
※その日のうちに，40〜50ページ読めるよう，休み時間等を活用する点に配慮し指導する。

―――1，2を1時間で指導する―――

3　調べる（読む）（1）
○選んだ本の続きを読む（この時間までにどれだけ読めたか，確認しておくこと）。
※15〜20分程度読む。
※残りは，休み時間や家で読むようにすることを伝える。
☆級友の読んでいる本について，聞く。
●読み始めて，本を取り替えたい，おもしろくないと児童が感じている場合は，再度よく話を聞き，支援する。
※分からない言葉をすぐ調べられるように国語辞典等を準備する。

4　調べる（読む）（1）
○保護者のお薦め本の紹介を聞く。
※自分を見つめることに関する本を事前に準備し，紹介の仕方を学校司書と相談して効果的な演出を行う。
△前時に紹介された本や担任や保護者の推薦本等を参考に，自分が読む本をリストアップし，今後の読書計画を立てる。
※児童が作成した読書計画は，保護者に伝え，家庭読書等の協力を依頼する。（紹介した本も伝える）
※夏休みに読む本の中から，読書感想文を書いてよいことも伝える。
●休み時間等，読む時間に活用するよう配慮する。

―――3，4を1時間で指導―――

4　指導資料・絵手紙やポスターなどで本の紹介をしよう

(1) 誰に伝えるか，はっきりさせる。
　　①友達に　②家族に　③下級生に

(2) 何を伝えるか
　　①心に残った本　②考えさせられた本等

(3) どのような形式で
　　①ポスター（B5・A4 判）　②絵手紙

(4) きちんと伝えるための工夫の視点
　　①絵や写真　②文字の大きさ・形　③色　④キャッチコピー（短文）　④見出し　⑤紙面の構成

(4)の②……絵や写真について（著作権に注意）
　○絵や写真を使えば一目で分かる。
　◇描いたり写したりする大きさと角度の工夫
　◇伝えたいポイントを大きくはっきりと

(4)の③……色
　○見る人に注目してもらえるように
　◇赤・黄は元気であたたかい色（黄は遠くからは見えない）
　◇青・黒は落ち着いた感じと冷たい感じ
　◇文字に色を付けたりアンダーラインに色を

(4)の④……キャッチコピー（短文）
　○言いたいことが分かりやすく目立つために言葉の使い方を工夫
　◇長すぎず，分かりやすく，おもしろく
　※絵や写真と組み合わせるのもよい。
　△絵や写真の上・下にキャッチコピー
　△絵や写真に重ねてキャッチコピー
　◎美しさ・分かりやすさが大切

(5) 手書きとタブレット PC の文字
　○それぞれの良さがあり組み合わせてよい
　◇文字の大きさを変える。

(6) 紙面の構成を工夫
　○伝えたいことがはっきり分かるように
　◇一番伝えたいことは大きく
　◇順序を決めて，場所を決める。

(7) 著作権に注意
　◇写真やマンガには著作権がある場合も

◇人の写真には肖像権も
(8) 書く・作成する前に，見直すこと。
(9) 紹介の仕方を工夫する
　　　◇掲示する場所と時期に気を付ける。
　　　◇手に持って紹介する場合は，発表メモを
☆作品の掲示場所・伝え方・時期については関係者・学校司書と十分打ち合わせる。
☆保護者に紹介・伝えることを重視する。

5　様々な読書への誘い
☆担任の取組
(1) 読み聞かせ………表紙・表題を大切に。書名と著者名等も読むこと
　①紹介・推薦したい本について，まず黙読をし，自分なりのイメージをもつ。
　②次に，音読する。適当な声の大きさと読む速さ，間の取り方に注意する。
　③オーバーな表現，押しつける表現にならないように，注意する。
　④自分のイメージに合わせて②③に注意しながら，再度音読する。
　⑤本の持ち方に注意。本の下を持ち，ページをめくる時に手の陰にならないようにする。全体に見えるようにする（子どもの見て聞く場所・広がりに注意する）。
　※実際に読み聞かせをする場合，簡単な歌やゲームをして集中させるとよい。
　●保護者ボランティア等が定期的に読み聞かせを行う場合は，担任もその他の作業をやめて，児童とともに聞くこと（担任が他のことをしていると児童に影響）。
　●ボランティアの読み聞かせする本は，できる限り計画的・系統的に選定するように学年・学校全体で連携して計画する。

(2) ブックトーク
　①何について紹介するか，事前に学校司書と十分に打ち合わせる。
　※各教科等の単元のねらいに沿って，児童の興味・関心をもたせるもの。
　※面白い・不思議だ・読んでみたい・調べたい等の意欲をもつもの。
　②紹介する本は，10冊までにする。
　※ブックトラックを活用し，紹介する10冊以外の本は展示。
　③紹介する本が決まれば，紹介する順序を決める（紹介の全体構成）。
　※学校司書と分担して紹介してもよい。
　④紹介する本は，書名・著者名・出版社名を最初に注目させて伝える。
　※書名等の紹介から，本の内容の紹介にスムーズに移行できるよう工夫する。
　⑤紹介する本のどの部分を紹介するとよいか，事前に決め，付箋紙を添付する。
　⑥本と本のつなぎ方は，ブックトークのテーマ・ねらいを基にキーワードで語りかけながら

つないでいく（この点が，慣れるまで難しい）。
※ブックトークに慣れるまでは，2〜3回程度学校司書に実演してもらい，キーワードでつないでいく方法を見て学ぶとよい。

☆単元の導入段階や発展的段階でブックトークを行う場合の例
　◇「スイミー」の学習………作者のレオ・レオニ氏の絵本を多数複本で用意
　◇「4年・都道府県の学習」………島嶼や山間部のパンフレット等や詳しい地図
　◇「5年・台風の学習」…台風のDVD，地球温暖化や気象予報，防災等の資料
　◇「6年・伝記の学習」…その人物に関する資料（年表等も），他の人物の伝記

(3) 読書会……（様々な手法があり，リテラチャー・サークルは高学年以上向き）
　○同じ作者・作品・テーマ等の本を読んだ児童が小グループを構成し交流する。
　①単元のねらいに応じたテーマ（作者）を決め，いくつかの本を紹介する。
　②児童に本を選ばせて，4〜5人でグループを構成する（グループ構成に配慮）。
　③グループごとに読む範囲を決めて，一定時間内に読む（グループ内の役割）。
　④グループ内で質問係・写真絵係・良い表現に光を当てる照明係・自分との関わりを思い出す係等の役割を決め，役割に従って読み，話し合って一冊を読み切る。

(4) 学校司書等との協働
本の選定について。学校司書と相談
本の持ち方・ページのめくり方等も学校司書に聞く。
※ゲーム等もいくつか紹介してもらう。
●司書教諭・図書館　担当教員・学校司書等が組織的に働きかけることが重要。
①教科・単元・ねらいと学習過程のどの段階でブックトークを行うか，1週間前に伝える。
②テーマを決めて本の選定。ブックリストを準備するとよい（読みたい本にしるしを記入させる）。
※自校にテーマに沿う本が不足している場合，他校・公共図書館から借りるため，時間の余裕が必要。
☆2週間前に学校司書に連絡し，相談することが重要。
※同じ本が複数必要になる。
④読みと話し合いは何回か繰り返す。
　同じ役割にしない。
※読了後交流したことを全体に伝える。

5　消防の仕事と人々の協力（4年）　　　　　　　　　　4月指導

1　目標
- 消火，防火のための工夫や努力を見学・調査したり，資料を活用したりして調べようとする。
- 火事を防ぐための関係諸機関の働きや人々の協力が安全なくらしに果たす役割について考え，新聞にまとめるとともに，自分が協力できることを表現する。

2　学校司書と担任の連携のポイント
①消防署，消防に関連する本を集め，ブックトラックに置き活用できるよう整備する。
②ブックトラックにある本の一覧を作成し，本を探しやすくする。
③学校司書と協力し，「インタビューの仕方」「要約の仕方」「新聞のまとめ方」など事前指導を行う。
④学習問題を解決するために，その答えにつながりそうな図書館資料や情報は「調べるカード」に要約させる指導を行う。
⑤目的や課題に応じて，複数の図書館資料等を選び比較して読ませる。またICTを活用し，検索させるようにする。

3　学習の流れ「15時間扱い社会科見学4時間を含む」
（○指導のポイント　●学校図書館利活用のポイント　☆交流のポイント　△指導形態や方法）

1　つかむ（2）
○消防訓練や交通取り締まりの写真を見て，人々は安全にくらすためにどのような備えをしているか，くらしを守る働きについて関心をもつ。
○学校で火事が起きたらどのようなことになるのかを予想し，話し合い，学習問題を立てる。
☆学習問題は，個人の課題から，グループ，クラスの課題へと話し合いを通して学習問題を共有できるようにする。

2　調べる（3）
○学校の消防設備を調べ，設備ごとに色を分け，学習カードに記録する。
☆グループごとに消防設備の種類，あった場所を学習カードにまとめる。
○学校にある消防設備について，あった設備・場所をグループごとに伝え合う。
☆グループごとに調べたことを伝え合う練習を行い，クラス全体に伝えるように指導を行う。
△グループで校内の消防設備を調査させたり，結果を報告させたりする。

3　調べる（1）
○副校長（学校防火責任者）から，学校の消防設備の設置の工夫や火事への対策について話を聞き，分かったことをノートにまとめる。
●インタビューカード，ペア練習，メモの取り方，記録カードの書き方など，教師によるモデリングを行う。
△副校長をゲストティーチャーとして授業に招き，インタビューをする場を設定する。

| 学習問題 | 副校長先生の話を聞いたり，インタビューしたりして，分かったことをまとめよう |

| （前時に調べてわかったこと，予想，疑問） | わかったこと |

校舎内の消防設備について
（前時にまとめた表）

・校内の消防設備がある場所のきまり
・その理由
・予想したこと
・疑問

さらに調べたいこと

| まとめ | 学校を火事から守るために消防設備のある場所にはきまりがある。また，火事から人々を守るための訓練を行ったり，消防署と協力したりしている。 |

4　調べる（1）
○消防署や関係諸機関について，分からないことや調べたいことを学習カードに書き，図書館資料を使って調べる。
●児童の学習問題に沿った，図書館資料を事前に準備し，パスファインダーの使い方，資料について学校司書からの説明を聞く。

5　調べる（2）
○消防署の人たちの仕事や工夫について調べ，学習カードにまとめる。（消防署見学）
○前時に児童が疑問に思ったことや調べたことをもとに，消防署の人にインタビューする。
●インタビューの仕方を確認する。

6　調べる（2）
○地域にある消防設備について調べ，学習カードに記録する。（地域見学）
☆調べたことを地図にまとめ，分かったことを話し合う。
△地図をもとに，地域の消防設備が学校と同じように計画的に配置されていることについて考える。
●地図帳，白地図を準備する。関連する図書館資料を活用する。

7　まとめる（3）
△新聞のまとめ方について学ぶ。
△火事から人々の安全を守るために，自分たちにできることを考え，新聞にまとめる。
☆火事から地域の安全を守るために，自分たちができることを会議形式で話し合う。
●メモをもとに，見出し，記事を考えさせる。
●新聞へのまとめ方を事前指導する。

8　伝え合う（1）
☆出来上がった新聞を友達や保護者に説明し，自分たちができることを話し合い，コメントをもらう。
☆まとめた新聞を，校内や校外に掲示し，多くの人に見てもらうようにする。

4　指導資料・対話的な学び

①様々な交流学習を多く体験することが大切である。自分の「考え」をもった上で相手がどう考えたのかを聞き取り，読み取り，自分の考えと比べさせたい。また，自分の考えとの違いを認め，なぜ，そのように考えたのかも，交流によって理解しあうことが大切である。

②小グループでの交流により，自信をもたせる。学習過程での交流を大切にしていく。

③相手を意識して根拠を指し示しながら表現するための「社会科の話し方」の指導を行う。資料を読み取り分かったことを記述したノートを見ながら話すのではなく，聞いている相手に分かりやすく，考えの根拠を資料から明確にして発言する姿を目指したい。そのためには，ア　分かりやすい「話し方」を知る。イ　指し示しながら話す方法を知るという2つの方法を指導する。「めざせ，説明名人！」という話型を以下のように提示する。

・事実読み　「Aの資料から　～　が分かります。」「○○から　～　ということが分かります。」

・比べ読み　「○と△を比べると，　～　が同じです。違います。」

・つなぎ読み　「AとBの資料から，　～　が分かります。」
　　　　　　　「前の学習で　～　だったので，……だと分かります。」

このような話型を使いながら説明することで，根拠を資料から明確化して発言できるようになる。また，相手を意識した表現をめざすために，指し棒を使って資料を示し，考えを話す説明の仕方を指導する。聞き手には，発表者が事実読み，比べ読み，つなげ読みのどれについて発表をしているのかを意識して聞かせる。

第3章 学びを深める高学年

Ⅰ 高学年のための学校図書館活用ナビ

1 5年生へのオリエンテーション

　5年生は，委員会活動が始まり，高学年として学校を支える立場となる。そのため，学校図書館オリエンテーションでは，高学年としての自覚をもち，下級生へのお手本となる利用の仕方を身に付けさせたい。
　また，学校図書館の蔵書検索の方法を知ることで，自ら進んで学校図書館の利用や資料の活用を行えるよう指導する。

（1）図書館の約束を確認する

①静かに過ごす
　自分たちが過ごしやすい環境を整えていくために，互いにどのようなことに気を付けて過ごすのかを考えさせる。
②本を大切にする
　学校図書館の資料は，みんなで大切にしていかなければならないことを伝える。同時に，より細かい本の分類，並び方についても，簡単なクイズなどを行って復習する。

（2）蔵書の検索方法を知る

　自分の目的に合った資料の検索ができるよう，蔵書の検索方法を指導する。コンピュータを使って書名や著者名検索だけではなく，件名検索や分類検索ができることを伝える。手元にある情報を使って，最適な資料にたどり着けるよう支援する。

2 6年生へのオリエンテーション

　小学校で学ぶ最後のオリエンテーションでは，確実に学校図書館の利用の基礎を身に付けさせたい。利用時のマナーや，本の配架のしくみについて復習し，これまで習った事典や図鑑以外に，どのような調べるための本があるかを知ることが，自ら進んで調べようとする意欲となり，さらに生涯学習での公共図書館の活用につながる。

（1）図書館の機能について考える

　学校図書館を使って，どのようなことができるかを考える。
①読書センター…読書を通じて豊かな心を育てる。様々な本を紹介して読書の楽しさを知る。

②学習センター…日々の学習の様々な場面で，学校図書館の活用ができる。調べるための本として，図鑑や事典の他に，年鑑，白書，統計集，地図，年表などがある。授業で学んだことを確かめ，広げ，深めることができる。主体的な学習を支援する。

③情報センター…図書資料以外にも，新聞やリーフレット，インターネット版の百科事典等があり，様々な学習に活かすことができる。これまでの児童の学習の成果などを保管し，活用できるようにする（年鑑・白書等の活用）。

(2) 関連する本を集めて，読書の面白さを広げよう

　好きな本や気になる本について，次のようなつながりに着目して本を探す。
・同じシリーズの本
・同じ作者の本
・同じテーマの本

　これまでに習った蔵書の検索方法や本の分類，並び方を基に関連する本を読み比べることで，読書の面白さが広がる。自分自身で探すだけではなく，互いにおすすめの本の紹介や，学校司書によるブックトークを聞いて読書するなどしてもよい。

　読みたい本が見付かったら，題名や作者名を書き留めておき，これからの読書につなげる。

◇5年生のオリエンテーションでの活動例

「パソコン（タブレットPC）で蔵書検索をしてブックリストを完成させよう」

パソコンを使った学校図書館内の蔵書検索の方法について知り，最適な資料にたどり着けるよう支援する。

|準備するもの|

・パソコン

　人数分のパソコンが用意できることが望ましいが，電子黒板等に指導者の操作するパソコンの画面を示してもよい。

・ブックリストに掲載している本の書名・著者名・分類を書いたカードを人数分用意。

```
推薦図書リスト5年生
本の名前：海は生きている    カード例
作者名：富山和子
分類：452      出版社：講談社
```

|活動内容|

①パソコンを使って，学校図書館内の蔵書検索の方法を聞く。

・書名検索

- 著者名検索
- 分類検索
- 件名検索

以上の検索について,例を挙げて検索の方法を指導者が示す。

②カードに載っている情報を基に,自分のパソコンで検索する。

③検索後,結果が示す本棚に行き,本をもってくる。ブックトラック等に入れ,ブックリスト掲載の図書を集める。

④集めた図書の中から,好きな本を読む。

◇6年生のオリエンテーションの流れの例

時間	活動内容	指導上の留意点 ◎担任または司書教諭　☆学校司書
2分	図書館の約束を確認する。 ・静かに過ごす。 ・本を大切にする。 ・手続きをして貸出・返却する。	☆学校司書 これまでの約束を復習する。
5分	学校図書館の機能について考える。	◎担任または司書教諭 3つの機能を使って,日々の読書や学習に活かせることを伝える。
5分	本の並べ方についての話（NDC）を聞く。	◎司書教諭または☆学校司書 自分で本を探せるように指導する。
15分	自分の好きな本や気になる本について調べる。	◎担任または司書教諭☆学校司書 本の相談を受けたり,蔵書の検索が円滑に進むよう支援する。
15分	選んだ本を読む。	◎担任または司書教諭☆学校司書 円滑に進むよう,指導・支援
3分	片づけを行う ・椅子,机,本棚の整理	

Ⅱ 指導事例

1　調べる学習をしよう（5年）十秒が命を守る　　　　　　　　9月指導

○国語「十秒が命を守る」の学習の発展として取り扱う。

1　目　標
○調べる目的を明確にして，調べた事柄が伝わるように書こうとする。
○学習から新たに生まれた疑問について，自分の考えをもち，調べることができる。
○読み手が興味をもち，伝わりやすいように工夫して新聞を作成することができる。

2　学校司書と担任の連携ポイント
①児童が課題を設定するために適したツール（思考を広げ，絞り込む）を準備する。
②児童が選んだ課題に応じた図書館資料を揃える。
③情報カード，引用・要約の仕方，奥付の書き方を例を示して指導する。
④児童が課題に即した図書館資料を選べるように助言するとともに，パスファインダーを作成する。

3　学習の流れ「8時間扱い」
（○指導のポイント　●学校図書館利活用のポイント　☆交流のポイント　△指導形態・方法）

1　つかむ（1）
○地震についての新聞で伝え合う学習を行うことを知らせる。
●新聞紙の紙面を見せて，読み手に伝わりやすくする工夫を見付ける。
○「十秒が命を守る」の学習から，疑問やもっと知りたいことを挙げ，自分の調べる課題を決める。
●ウェビングマップを使い考えを広げ，ドーナツチャートでテーマを絞り込む。
○なぜ，そのテーマを選んだのか，「十秒が命を守る」の学習や自分の体験，思いを踏まえてノートに理由を書く。

2　つかむ（1）
○課題の解決に必要な，調べる事柄を挙げ，どの図書館資料で調べるかの計画を立てる。
●図鑑，年鑑，百科事典など，それぞれの図書館資料の特徴を押さえる。
●本だけでなく，新聞やパンフレットなども準備する。
●「十秒が命を守る」の学習や新聞を想起させ，図表や写真の有用性に気付かせる。

3　調べる（1）
○図書館資料で調べる。
●付箋紙，情報カードを使う。
●課題に関連するキーワードで，パスファインダーを作成する。
○図書館資料を読みながら，必要なところに付箋紙を貼る。
○分かったことを情報カードに書く。

【第一時間目の板書例】

地震について新聞で伝え合おう
めあて　学習の流れを知ろう
〈学習の流れ〉
1　つかむ
　自分の課題を明確にしよう
2　調べる
　図書館資料を使って、自分の課題を調べよう
3　まとめる
　伝わるように工夫して新聞にまとめよう
4　伝え合う
　新聞を見せ合い、いいところを伝え合おう

- 引用と要約を区別する。
- 事実や体験のみを書き，自分の意見や感想は書かないようにする。
- 数値で表せるものは数値を入れる。
☆ 同じ課題同士でグループを作り，情報を共有できるようにする。

4　調べる（1）
○ 情報を整理し必要な情報をまとめる。
- 情報カードから，目的に合わないものを抜いたり，足りない事柄を調べ直したりする。
△ 事実を裏付けるデータや理由が明確でなかったら再度調べる。
☆ 同じ課題同士のグループで，調べた事柄が，課題解決の根拠となっているかを見合い，情報を補い合えるようにする。

5　まとめる（1）
○ 情報カードを並べて，新聞の構成を考える。
- 新聞の紙面を想起させ，一番伝えたいことをどこにどのように載せればよいのかを考える。
○ 編集後記として，調べて分かったことに対する自分の意見や考えを書く。
☆ 同じ課題のグループで見合い，構成や表現についての気付きを伝え合う。
- 伝えたいことが分かりやすいかを見合わせる。
- 事実と意見が混同していないか，理由が明確になっているかを確認する。

6　まとめる（1）
○ 付箋紙を参考にしながら，伝えたいことが分かりやすいように新聞の記事を書く。
- 読み手が分かりやすい表現を工夫して文章を書く。
- 図や表，グラフ，地図などを効果的に配置できるようにする。
- どこから書き始めてもよいことにし，取り組みやすくする。
○ 内容が分かりやすく，読み手が興味をもつような見出しを付ける。
- 実際の新聞の紙面から，短い表現や体言止め，倒置法などの表現を見せる。

7　伝え合う（1）
○ 同じ課題のグループで互いの新聞を読み合い，よいところを伝え合う。
△ ジグソー法1（同じ課題のグループで話し合う）
☆ グループで読み合い，よいところを付箋紙に書いて伝え合う。
- 構成や表現について分かりやすく書けているところを見付けて簡潔に付箋紙に書くようにする。

8　伝え合う（1）
○ 異なる課題のグループで互いの新聞を読み合い，よいところを伝え合う。

- △ ジグソー法２（異なる課題のグループで話し合う）
- ☆ グループで読み合い，よいところを付箋紙に書いて伝え合う。
- ● 構成や表現について分かりやすく書けているところを見付けて簡潔に付箋紙に書くようにする。
- △ 全体で感想を交流する。

4 指導資料

○テーマの決め方

調べる学習や小論文において，テーマを決めることはとても重要である。思い付きや目先の物事で選んだテーマは，調べたいことと伝えたいことがぶれやすく，児童の学習意欲も継続しにくい。テーマを決める際には，必ず，思考を「広げる」プロセスと「絞る」プロセスの両方を取り入れる。

1. ウェビングマップで思考を「広げる」

　視野を広げ，多面的に思考する中で，いくつかのテーマを選ぶ。

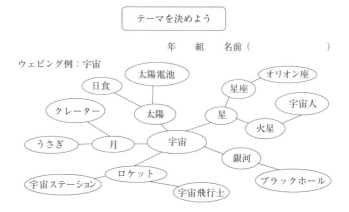

2. ドーナツチャートや「の」チャートで思考を「絞る」

　1で選んだ中から，最も関心のあるものや伝えたいものを１つ選ぶ。

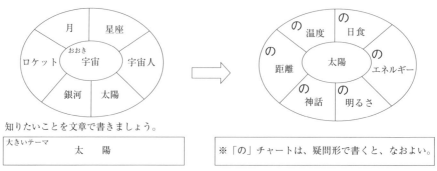

2 ICTを使って調べよう（5年）　　　　　9月指導

○教材名　インターネットを使って調べよう
○図書館資料に加え，インターネットを使って調べられるようにする。

1 目　標
○書く目的や意図に応じて，情報を収集しようとする。
○インターネットの利点と留意点を知り，情報の正確さを確かめる。

2 学校司書と担任の連携ポイント
①児童の人数分のタブレットPCを準備する。
②調べる課題に適したパスファインダーを準備する。
③図書館資料とインターネットの利点と欠点を説明する材料を準備する。
④実際にインターネットを使って調べられるように演習問題を作る。
⑤児童が適切にインターネットやパスファインダーを活用できるように助言する。

3 学習の流れ「4時間扱い」
（○指導のポイント　●学校図書館利活用のポイント　☆交流のポイント　△指導形態・方法）

1　つかむ（1）
○インターネットのよさを考える。
　・世界中の人が情報を発信している。
　・たくさん情報が見付けられる。
　・最新の情報が見付けられる。
○インターネットの不便さを考える。
　・間違いや嘘もある。
　・情報がたくさんあり過ぎる。
●本で調べることとの比較をさせる。本は，情報に対する責任の所在がはっきりしていることを押さえる。
●インターネットで調べるのは，本に載っていない新しい情報であること，それ以外は本で調べることを押さえる。

2　つかむ（1）
○信用できるホームページはどのようなものかを知る。
●いくつかの天気予報のホームページを見て，信用できるものを選ぶ。
　・公共機関が作ったものを選ぶ。
　・専門家が作ったものを選ぶ。
○信用できるホームページで調べてみる。
●例として愛媛県のキャラクターについて調べる。
　・愛媛県のホームページ（地方自治体）
　・御当地キャラクター公認ホームページ（公式・公認・公益）

【板書】

めあて　インターネットで信用できる情報を調べる方法を考えよう

	インターネット	本
	・たくさんの情報が見られる。 ・新しい情報が調べられる。 ・世界中の人が発信した情報が見られる。	・目的に応じて本を使い分けることができる。 ・子どもにも分かる本が多くある。 ・だれが書いた情報かが明記されている。 ・年鑑などで前の年の出来事や数量が調べられる。
	×多すぎてどれを選んだらよいのか分からない。 ×その日の出来事も調べられる。 ×情報に間ちがいもそうもある。 ○速く的確に調べられる。 ○読みやすく分かりやすい。 ↓ ○ 信用できる 。	△〜て〜情報に責任をもっている。 △最新の情報は載っていない。

3　調べる（1）
〇パスファインダーを使って調べる方法を知る。
●パスファインダーにあるホームページが信用できる理由を考える。
　・専門機関
　・公共機関，地方自治体
　・公式，公認，公益機関
によって作られたホームページから選んであることを押さえる。

4　調べる（1）
〇タブレットクイズに挑戦する。
●記録することを押さえる。
　・調べたページの見出し
　・URL
　・ホームページを作ったところ
　・調べた日付（今日）
●クイズは，図書館資料では調べられないものを問題にする。

4　指導資料

(1) パスファインダー

「オリンピック・パラリンピックについて調べよう」
インターネット　パスファインダー

種類	出所	内容
日本オリンピック委員会	http://www.joc.or.jp/	最新情報・関連ニュース，選手の情報など
東京都オリンピック・パラリンピック準備局	https://www.2020games.metro.tokyo.jp/	開催までの日数，競技，会場，メダリスト，開催準備，ボランティアなど ※動画あり

公益財団法人東京オリンピック・パラリンピック競技大会組織委員会	https://tokyo2020.jp/jp/	最新情報・関連ニュース，エンブレム，マスコット，競技，会場，聖火リレー，開会・閉会式，「みんなのメダルプロジェクト」，ボランティア，環境保全など
東京都教育委員会　東京都オリンピック・パラリンピック教育	https://www.o.p.edu.metoro.tokyo.jp/	歴史や開催国，競技種目，東京都の学校で実施されるオリンピック・パラリンピック教育など
ポプラディアネット	https://school.poplardia.net/login	理念や歴史など基本の事がら ※ポプラディア百科事典のインターネット版 ※ TPC のデスクトップにアイコンあり

※予め，児童用タブレット PC のデスクトップにアイコンを貼り付けておく。

(2) 実践用ワークシートの一部

3 ICTを使って調べよう（5年）

国語科指導案

1 単元名
「インターネットを使って調べよう」

※「2 ICTを使って調べよう」を国語科指導案の形式で示した資料

2 本時の目標
・書く目的や意図に応じて，情報を収集しようとする。
・インターネットの利点と留意点を知り，情報の正確さを確かめる。

3 ①展開（1／2）

	学 習 活 動	○手立て　◎評価（方法）
導入	1　本時の学習のめあてをつかむ。 　T：インターネットで調べるよさは何ですか。 　　C：・端末があればいつでもどこでも調べられる。 　　　　・たくさん情報が見つけられる。 　　　　・最新の情報が見つけられる。 　T：インターネットの情報は，全部正しいのでしょうか。 　　C：・間違いや嘘もあると思う。 　　　　・情報がたくさんありすぎてよく分からない。 　　　　インターネットを使って，正確な情報を見つけよう。	○本より新しい情報が得られることから，本との使い分けを押さえる。 ○本の，情報に責任をもつ人が明確であることや，小学生用に監修されたものもあることなどと比較する。
展開	2　信用できるホームページはどのようなものかを知る。 　T：この天気予報のホームページは信用できますか。 　　C：・どんな人が作ったか分からないから信用できない。 　T：誰が作ったホームページだったら信用できますか。 　　C：・よく知っている信頼できる人 　　　　・有名な人や会社 　　　　・専門家（省庁・地方自治体も含む） 　　　　・何人もの人が同じことを書いていたら信用できる。 3　信用できるホームページで実際に調べてみる 　T：愛媛県の御当地キャラクターについて調べよう。 　　C：愛媛県のホームページが信用できそう。 　　C：御当地キャラクター公認のホームページも見よう。	○気象庁，日本気象協会，気象と関連のない企業，個人の天気予報を例に挙げ，比べさせる。 ○100％信用できる訳ではなく，複数の情報を比べて最終的には自分で考え判断する必要があることを押さえる。 ◎信頼できるホームページを選び，複数の情報を比較しながら調べることができている。（観察・ノート）
まとめ	4　学習のまとめをする。 　　インターネットで正確な情報を見つけるためには，専門家や公共機関が作ったホームページを見たり，いくつかのホームページを見比べたりして考える。	
評価	・信頼できるホームページを選び，複数の情報を比較しながら調べることができている。（観察・ノート）	

②展開（2／2）

	学　習　活　動	○手立て　※留意点　◎評価（方法）
導入	1　前時を振り返り，本時の学習のめあてをつかむ。 　　T：インターネットで正しい情報を手に入れるために大事なことは何ですか。 　　　C：・信用のできるホームページを見ること。 　　　　・いくつかのホームページを見て比べること。 　　　　・正しいかどうか考えること。 　　T：今日は，「信頼できるホームページ」が見つけられるパスファインダーを使って調べましょう。 　　　　　パスファインダーを使って正しい情報を見つけよう。	○学校司書にパスファインダーの説明をしてもらい，理解を深める。
展開	2　パスファインダーを使って「調べものにチャレンジ」のタブレットクイズに挑戦する。 　　T：このパスファインダーにあるホームページが信用できると思われるのはなぜですか。 　　　C：・東京都教育委員会が作っているから。（都道府県） 　　　　・専門の機関が作っているから。（公式・公益） 　　T：タブレットクイズに挑戦しましょう。答えの他に，次のことを書きましょう。 　　　　・調べたページの見出し 　　　　・URL 　　　　・ホームページを作ったところ 　　　　・調べた日付（今日） 　　　C1：パスファインダーからホームページを選び，必要な情報を探すことができる。 　　　C2：パスファインダーからホームページを選べるが，必要な情報を見付けることができない。 　　　C3：パスファインダーからホームページを選べない。	○オリンピック・パラリンピックに関するパスファインダーを配付する。 ◎パスファインダーを用いて，インターネットで調べた必要な情報を書くことができている。（観察・ワークシート） ※今回は，パスファインダーを用いた学習なので，比較はしなくてもよいとする。 ○C2には，見出しをよく見るように声をかけると共に，学校司書や友達に教えてもらってもよいとする。 ○C3には，百科事典でも調べられる情報はどれかを考えさせ，ポプラディアネットから調べさせる。
まとめ	3　学習のまとめをする。 　　　　パスファインダーを使うと，正しい情報が見付けやすい。	
評価	・パスファインダーを用いて，インターネットで得た必要な情報を書くことができている。（観察・ワークシート）	

4　年鑑を使って調べよう（5年）「調べるための本」　　　9月指導

○図鑑や百科事典などに加えて，年鑑を使って調べられるようにして，各教科等の学習で資料の読み取りや調べる学習につなげる。

1　目　標
○年鑑に関心をもち，確かな知識を広げたり深めたりしようとする。
○年鑑の構成特徴を知り，年鑑を用いて適切に調べたり情報を書き抜いたりする。

2　学校司書と担任の連携ポイント
①児童の人数分の年鑑を準備する。
②年鑑の構成や特徴についてワークシートを用いて説明する。
③実際に年鑑を使って調べられるように演習問題を作る。
④児童が適切に年鑑を活用できるように助言する。

3　学習の流れ「国語科2時間＋社会科3時間扱い」
（○指導のポイント　●学校図書館利活用のポイント　☆交流のポイント　△指導形態・方法）

1　つかむ（1）
○年鑑を使って調べるのはどんなときかを考える。
　①海にいる魚の種類
　②遠洋漁業の意味
　③豊洲市場の場所
　④マグロの特性
　⑤日本の魚のとれ高
　⑥定置網漁の仕方
●⑤以外は，百科事典や図鑑，地図で調べられることを押さえる。

2　つかむ（1）
○年鑑の構成を知る。
●目次・解説・学習編・統計編・索引を実際に見て把握する。
○年鑑を見ると何が分かるかを考える。
　・出版された前の年の出来事
　・出版された年より1年前ぐらいまでの統計
　・社会や産業などの年ごとの動き
○年鑑の情報は，なぜ正しいと言えるのかを考える。
　・情報の出所が書いてあるから。
　・情報の出所が，政府や大きな企業だから。

3　調べる（1）
○年鑑を使って調べる。
●出来事を調べる。

【板書】

年鑑を使って調べよう

めあて　どんなときに年鑑を使って調べるかを考えよう

① 海にいる魚の種類……図鑑
② 「遠洋漁業」の意味……国語辞典・百科事典
③ 豊洲市場の場所……地図帳
④ マグロの特性……図鑑
⑤ ある年の日本の魚の水揚げ量……年鑑
⑥ 定置網漁の仕方……図鑑・百科事典

年鑑を使うと、
○ある年に行われたいろいろな数量の調査結果が分かる。
○ある年の一年間の主な出来事が分かる。

 Q：2011年10月の出来事
  A：スティーブ・ジョブズ氏死亡
  A：世界中で反格差デモ
● 数値を調べる
 Q：「日本の米のとれ高」が載っているページを，探す方法を考える。
  A：目次から　A：索引から
● 単位に気を付けて調べる。
 ・電気の使用量　・日本人の平均寿命
 ・日本の自動車の輸出台数
 ・漁業で働く人
 ・光化学スモッグ注意報が出た日数

4　まとめる（1）
△ 年鑑について分かったことをまとめる。
● 年鑑の構成と特徴，調べ方について分かったことや気付いたこと，注意したことなどを書く。

5　実践する（1）
○ 社会科の漁業の導入として，魚の水揚げ量と地域を年鑑を使って調べる。
☆ 水揚げ量が多い地域の共通点や，年ごとの水揚げ量の移り変わりから分かることを話し合い，学習課題につなげる。

4　指導資料

（1）ワークシート

調べる学習のためのワークシート

🔍 年鑑の使い方

1 年鑑の構成（ここでは「朝日ジュニア学習年鑑」を例に）
* 目　次・・・取り上げている項目が多いので、大項目、中項目、小項目の順に追っていきます。
* 解　説・・・時事ニュースを解説しています。
* 学習編・・・1年間の主な出来事がコンパクトにまとめられています。また、ミニ百科で調べることもできます。
* 統計編・・・国や産業団体などが定期的に行っている統計調査を分野ごとに収録しています。
* 索　引・・・項目が五十音順に並んでいます。

2 年鑑の特ちょう
（1）年鑑は、出版された＿＿＿の年の出来事をまとめています。
（2）年鑑の中の統計は、出版された年度より＿＿＿年くらい前の数値がのせられています。
（3）年鑑をみると、社会や産業などの1年の動きがわかります。

3 10月には、どんな出来事がありましたか？
　主な出来事を2つ書きましょう。
　調べた年鑑の書名　（朝日ジュニア学習年鑑 2012年版）
　①
　②

_____年_____組

4「朝日ジュニア学習年鑑 2012年版」を使って「日本の米のとれ高」を調べましょう。
①目次と索引の両方から、何ページに出ているかさがしましょう。

	大項目	中項目	小項目	ページ
目次から				
	さがす言葉		最初のひらがな	ページ
索引から				

②近の都道府県別の2012年の米のとれ高を調べてみましょう。

順位	都道府県名	とれ高　単位（　）
1位		
2位		

5 次のことがらについて、2012年度の年鑑を使って調べましょう。
単位は最初の数量にだけついています。

調べることがら	数量	どこの調査か	調査した年
（例）小麦の輸入量	539万 t	農林水産省	2010年
電気の使用量			2010年
日本人の平均寿命	男　　女		2010年
日本の自動車の輸出台数			2010年
漁業で働く人			2010年
光化学スモッグ注意報が出た日数			2011年

（2）いろいろな「調べるための本」

○ 辞書・事典 …言葉や事柄の意味などを調べる
　　・百科事典…用語や事柄を短く簡単に解説している
　　・用語辞典…特定の分野の言葉を解説している

☆情報を上手に活用するためには，
①複数の情報を比べる
②根拠をもって自分で判断する
③情報に対して自分の考えをもつ

○ 年　　鑑 …1年間の出来事や統計などを調べる
○ 図　　鑑 …事柄の図や絵，写真を探す
○ 地　　図 …土地の形態や道路，建物などの場所を調べる
○ 統　計　書 …あるテーマについての数値（データ）を調べる
○ 白　　書 …経済や産業の現状や展望を調べる　※政府が公式に発表する報告書

5　国語科学習指導案（5年）　　　　　　　　　　　　　　　　年鑑を使って調べよう

1　単元名
「調べるための本」

※「4　年鑑を使って調べよう」について，国語科指導案の形式で示した資料

2　本時のねらい
年鑑の構成特徴を知り，年鑑を用いて適切に調べたり情報を書き抜いたりすることができる。

3　本時の展開

	学習内容	・指導の留意点　※評価
導入	1．年鑑を使って調べるのはどんなときかを考える。 T：どの情報を調べるときに年鑑を使いますか？ 　①海にいる魚の種類　　②遠洋漁業の意味 　③豊洲市場の場所　　　④マグロの特性 　⑤日本の魚のとれ高　　⑥定置網漁の仕方 C：⑤以外は，百科事典や図鑑，地図などで調べられるから「⑤日本の魚のとれ高」。	・これまでに，百科事典や図鑑，国語辞典，地図など，様々な種類の本を使い分けて調べたことを想起させる。 ・一人1冊ずつ同じ年の年鑑を渡し，どんなことが書いてあるのかを見させる。
展開	2．年鑑の構成や特徴を知る。 T：年鑑はどのように構成されているのかを見てみましょう。 　・目次　・解説　・学習編　・統計編　・索引 T：年鑑を見ると何が分かりますか。 　C：出版された前の年の出来事 　C：出版された年より1年前ぐらいまでの統計 　C：社会や産業などの年ごとの動き T：年鑑の情報は，なぜ正しいと言えるのでしょう。 　C：情報の出所が書いてあるから。 　C：情報の出所が，政府や大きな企業だから。 3．年鑑を使って調べる。 T：2011年10月には，どんな出来事がありましたか。 　C：スティーブ・ジョブズ氏死亡 　C：世界中で反格差デモ T：「日本の米のとれ高」について載っているページを，探す方法を考えましょう。 　C：目次から　　C：索引から T：単位に気を付けて，調べる練習をしましょう。 　・電気の使用量　　　　　・日本人の平均寿命 　・日本の自動車の輸出台数　・漁業で働く人 　・光化学スモッグ注意報が出た日数 　（「調べ物にチャレンジ」年鑑版）	・他の本と違い，1年間の主な出来事や統計資料が載っていることを押さえさせる。 ・年鑑は出版年によって数値が違うこと，調べる際には，何年のデータかに注意することを押さえる。 ※年鑑には，1年前までの出来事や統計資料が年ごとに載っていることを理解している（発言・「読書の記録」）。 ・タイトルで大まかな事柄が分かることに気付かせる。 ・百科事典や図鑑と同じように，目次や索引で引けることに気付かせる。 ・単位は最初の数量だけに付いており，後は省略されていることを押さえる。また，「万」などの位も省略されていることに注意させる。 ※調べる事柄を見付け，年や単位に気を付けて書き出している（「読書ノート」）。
まとめ	4．年鑑について分かったことをまとめる。 T：年鑑やその調べ方について分かったことを書きましょう。	・自分の言葉でまとめさせる。

4　評価
・年鑑には，1年前までの出来事や統計資料が年ごとに載っていることを理解している。
・調べる事柄を見付け，年や単位に気を付けて書き出している。

6　移動教室・調べる学習を進めよう（5年・高い土地のくらし）　6月指導

1　目　標
○高い土地でくらす人々の生活について調べ，国土の環境が人々の生活や産業と密接な関連をもっていることを考える。

2　学校司書との連携のポイント
①高い土地でくらす人々，高原野菜，移動教室に関する図書館資料を事前に準備する。
②インターネット用パスファインダーの作成をする。
③学校図書館活用ノートを使い，移動教室に向けてのテーマ作りを担任と学校司書で行う。
④移動教室後にも，各自のテーマについて図書館資料を活用し，グループでパネルを作成する。

3　学習の流れ「8時間扱い」
（○指導のポイント　●学校図書館利活用のポイント　☆交流のポイント　△指導形態・方法）

1　つかむ (2)
○町の位置を地図で確認し，地形の特色に合わせた生活に関心をもつ。
○町の地形図から高原のくらしや農業の様子を予想する。
●事前に学校図書館活用ノートを利用し，地図帳の使い方を指導しておく。
●白地図を準備し，地図帳から読み取ったことをまとめる。
△デジタル教科書と電子黒板も活用し，地図帳の指導を行う。

2　調べる (2)
○町がいつ頃から，どのようにして開かれたのか調べる。
○高い土地を生かして農業が行われていることを調べる。
○関東地方の地図を見て，高い土地から東京都までの輸送路を確認する。
☆記録カードに図書館資料や，インターネットで調べたことを記録する。
●地図帳，白地図を準備する。関連する図書館資料を活用する。
●記録カードの使い方を学校図書館活用ノートで確認する。

3　まとめる (3)
○高い土地でくらす人々の生活や農業，移動教室で調べて分かったことをノートや模造紙にまとめる。
☆用意した黄色の紙には記録カードに記したことを書く。赤の紙には課題に対する答えや考えを書く。青の紙にはさらに調べたいことや疑問を書く。
●関連する図書館資料，パスファインダーの準備をする。
△テーマごとにグループで作業を行う。

4　伝え合う (1)
○模造紙にまとめたものを発表する。その際に，使用した写真は電子黒板に大きく映し出す。
○聞き手は，ワークシートにメモをしながら聞く。
△今回は，保護者向けに発表をすることを事前に伝えた（日程が合えば，次年度清里を訪れる4年生を対象にしてもよいかもしれない）。

○月○日（○）　高い土地のくらし～移動教室で学んだことを発表しよう～

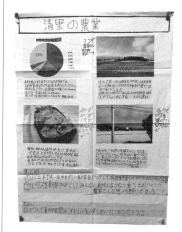
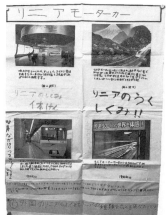

4　指導資料（ワークシート）

月　日

2 テーマを決めよう

総合
レッツスタディ
清里

知りたいことやぎ問に感じたことの中から、調べたいテーマを決めていきましょう。
清里について調べることを例に、テーマを決めるための方法をいくつかしょうかいします。

移動教室のしおりなどを参考に、キーワードを書き出しましょう。

山梨県　北杜市　清里高原　飯盛山　清泉寮　ほうとう　ヤマネ

1　知りたいことを広げてからテーマを決めましょう。
● NDCマップを使って、興味のある本をさがしてみましょう。
　NDCマップは、図書館の本のならび方（本の分類のしくみ）を利用して、興味のあるテーマは何かを見つけていく方法です。
　①大きいテーマ「清里」から、知りたいこう目の方向にや印 → を引いてみましょう。

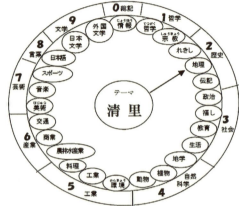

②NDCマップをもとに 本をさがし、見つけた本をメモしましょう。

ラベル	著作者	書　名	発行所	発行年

学校図書館活用ノート5年

7　台風と気象　(5年・理科・調べる学習)　　　7月指導

○理科の単元を組み替えて7月実施。DVD資料及び図書館資料を活用する。社会科の農業の指導とも関連させ，レポートにまとめる。(伝統文化)

1　目　標
○台風の発生，変化，影響等について関連することを調べまとめようとする。
○課題設定の理由の書き方やレポートの書き方を知り，レポートを作成する。

2　学校司書と担任の連携ポイント
①DVD資料や視聴覚資料及び図書館資料等を収集し打ち合わせを行う。
②教科書と各種資料から，どの段階でどの資料を活用するか決める。
③完成しているレポート作品を参考資料として提示できるよう準備する。
　(国語教科書・「見学レポート」などを資料としてもよい。)
④社会科「食料生産」・特に米作りと関連する資料や台風の災害情報及び台風に関する言葉や言い伝え(伝統文化関連)資料も収集する。
⑤課題を設定するためのツール(課題作りに必要な考えを広げ，絞り込む)を準備するとともに，情報カードの整理やまとめ方についての資料も用意する。
⑥ICT活用の注意事項をまとめ，提示し指導できるようにする。
※調べる学習過程で，分からない言葉等も調べられるように，国語辞典・漢字辞典・百科事典を用意する。

3　学習の流れ「6時間扱い」
　(○指導のポイント　●学校図書館利活用のポイント　☆交流のポイント　△指導形態・方法)

1　つかむ (1)
○国語教科書「レポートを書く」などを読み，レポート作成に必要な課題の設定・設定理由・構成等について知る。
・理科「台風と気象情報」で学んだ事柄を想起し，さらに詳しく知りたいこと等の中から，自分の課題を決める。
・課題設定については，児童の発想を広げる(ウェビング・太陽チャート等)・絞る(「の」の図・3点決め等)を使って作成する。
・百科事典等で，基本的な情報を入手し，その中からも調べたい課題を見付ける(百科事典で解決できることは，課題とならない点に注意)。

2　つかむ (1)
○調べ方・レポート作成に必要なことを確認する。
・「調べ方」①課題の設定とその理由　②解決への見通し・学習計画作成　③情報源を探す(図書館資料・ICT等)　④情報を集める　⑤情報を整理　⑥まとめる(課題解決)　⑦発信(振り返り)

・情報カード等の記入の仕方を確認する。
・複数の資料を活用する。
○学校司書から図書館資料の紹介を聞く。
・学習計画を立てる。
・自分の課題解決に必要な資料を探す。

――――1，2を1時間で――――

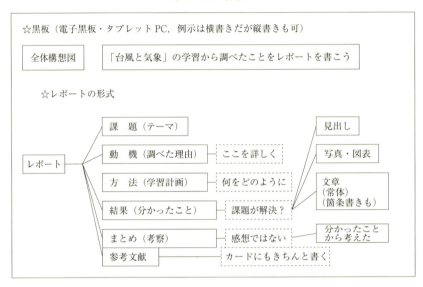

3　調べる（1）
○テーマに応じた図書館資料，2～3冊を読みながら，大切なところに付箋紙を貼る。（付箋紙にメモ・一言コメント）
●付箋紙を読み返し，カードに書き抜く。
※引用と要約を区別させる。
●百科事典の場合は，その項目のはじめに書かれている「定義」の部分は必ず書くこと。（引用）後は，その後に続く文章の大切な点を短く書く（要約）。
※図表や写真の有用性に気付かせる。
・ICT活用の留意事項に注意させる。
●この段階で足りない情報がないかどうか，必ず確かめる（4も同様）。

4　調べる（1）
○調べたことをグループに分ける。
・課題解決につながるか判断し，さらに調べることがないか考える。
●課題設定の理由から，他の情報が必要か考えさせる。
○グループ分けした情報カードから，分かったことを書き出す。
●分かったことが課題解決になっているか，再度判断させる。
※分かったことは1つではないし，それで十分とは限らない。
○分かったことから，まとめを書く。
△同じような課題別グループにして，情報交換（交流）をしもよい。

5　まとめる（1）
○カードを全て並べ，付け足すことがないか確認する。
※調べたことから，結論を書く。

○自分の考えや分かったことが，伝わるか考え，レポートの構想を作る。
○構想を基に書く。
※ワークシートを活用して，構想メモを作成してから，書いてもよい。
●なぜ，そのことを調べたいと思ったのか，何をどうやってどのような順序で調べたのか，その結果として何が分かったのか，そしてそこから自分で考えたこと・思ったことはどんなことか，自分の言葉で書くようにさせる。
※分けて書くようにする。　※文末表現は，常体にする。

6　まとめる（1）
※分かったことや結論をきちんと分けて書く等に気付かせる。
※項目に分けたり，つなぎ言葉，段落のまとまりを意識して書くよう助言する。
○分かりやすくするために，図表・写真等が必要か確かめる。
●根拠が分かりやすいか，助言する。
○書き出しの文章を工夫し，全体の構成を意識して書く。
●題名は最後に書かせる。
※できた児童から，発表するためのメモを作成させる。
△課題別グループで交流し，付け加えをさせていもよい。

7　伝えあう（1）
○必要な修正を加える。
●読み直し（推敲）の視点をワークシート等で明示する。（意見の表し方）
・一文が長い場合は，2〜3に分ける。
●段落と段落のつなぎ方を考えさせる。
●事実と意見が区別して書かれているか，結論・まとめが分かりやすくなっているか。
○発表準備をする。

8　伝えあう（1）
○自分の考え・まとめ・提案等が根拠を含めて明確になっているかメモを確かめる。
○レポート発表会をする。
・考えや根拠に注意して聞くようにさせる。
●掲示したり，他学年・中学校と交流したりして活用する。
―――7，8を1時間で指導する―――

4　指導資料

(1)　文例の活用

①問いかける「みなさんは，どう思いますか」

②理由を述べる「なぜかというと，〜だからである」「その理由は，〜だ」

③例をあげる「例えば〜」

④反対の意見を予想して自分の考えを述べる「一方，〜と考える人がいるかもしれないが〜」

⑤呼びかける「〜しよう」「〜しませんか」

⑥文章をつなぐ言葉に注意　「しかし」「だから」「つまり」「この結果から」「このような理由で」

(2)　読み取る視点・聞き取る視点

①自分の考えと似ているところ，違うところ

②自分の疑問への答えがあるかどうか

③知りたいことと関連するところ

④事実・事例が示されているところ

⑤なぜ？ふしぎだなとおもったところ

⑥初めて知ったというところ

⑦調べて気付いた点や考えが深まった点

⑧自分の考えに根拠・理由を付けて明確にしているか

⑨もっと知りたい，続きは？というところ

⑩真似したいなと思うところや提案したい点　※できる限り，理由・根拠を付ける。

○絵や写真等・図表を見て，気付いたことを大切にする。

○一番大切だと思った点が伝えられているか読み返す。メモの視点としてもよい

● 百科事典は基礎資料。ここで調べ終わりとしないように。ここで終わりの場合は，テーマが掘り下げられていないことにつながる。

(3) レポートを書く前に

①調べた結果とまとめ（考察）をまず書くこと。

②事実①（根拠）

③事実②（根拠）　　「自分の考え・反対の意見を予想した自分の考え」としてもよい。その場合は，事実がこの後に。

④事実③（根拠）

⑤図表や写真をどこで，どのように使うか。

● 段落と段落のつなぎ方に注意させる（つなぎ言葉）。

● 事実「〜だ。〜だった」，考え「〜と考える。〜だろう。〜ではないでしょうか。」など，文末表現に注意。

(4) 発表メモ

①私は【　　】について，調べたことを発表します。（課題・テーマ）

②調べた理由は，【　　】からです。（動機・理由）　③私は，【　　】で調べました。（方法）

④調べて分かったことは，【　　】つあります。（結果）・1つめは……，2つめは……，3つめは……　⑤私は，調べてみて，【　　】だと考えました（考察）。

⑥最後に，この学習をして感じたことは【　　】です。

※結果・考察・感想を意識させ区別するために⑥を導入した（意識的に使い分けできていればカット）。

⑦何か，質問はありませんか？（質疑応答）　⑧これで，私の発表を終わります。

8 お米カレンダー （5年・社会科）　　　　　6月指導・組み替え

○農業生産，特に米の生産については，気候に合わせた1年間を見通す農作業の工程表が必要である。自然を相手にする農作業には，気候とその土地の条件に合わせることか重要であることに気付かせたい。

1 目 標
○米作りは，いつ頃どんなことが行われているか知り，まとめようとする。
○米作り農家の仕事や工夫を知り，農作業カレンダー作成する。

2 学校司書と担任の連携ポイント
①DVD資料や視聴覚資料及び図書館資料等を収集し打ち合わせる。
②教科書と各種資料から，どの段階でどの資料を活用するか決める。
③教科書で取り上げている米作りの盛んな地域（庄内地方）以外の米作りの産地に関する図書館資料を収集する。（社会科資料集を含む）
④理科「台風」と関連する資料や台風の災害情報及び台風に関する言葉や言い伝え（伝統文化関連）資料も収集する。
⑤課題を設定するためのツール（課題作りに必要な考えを広げ，絞り込む）を準備するとともに，情報カードの整理やまとめ方についての資料も用意する。
⑥ICT活用の注意事項をまとめ，提示し指導できるようにする。
⑦米作り以外の果樹等の農作業工程表を収集し，比較できるようにする
※調べる過程で，分からない言葉等を調べられるように，国語辞典・漢字辞典・百科事典を用意する。年鑑は必ず用意する。
●理科「台風」と社会科「米作り」の学習を総合して，学習課題を設定して取り組むことも考えられる。（移動教室に出かける地方・田植え，収穫体験）

3 学習の流れ 「6時間扱い・気候や地形，農業機械等の学習を含む」
（○指導のポイント　●学校図書館利活用のポイント　☆交流のポイント　△指導形態・方法）

1 つかむ（1）
○米作りのさかんな地域，米の生産量，気候の特徴を知り，庄内平野の米作りについての大体の様子をつかむ。
※教科書・資料集の本文及び写真・グラフ・農業機械等から，米作りの状況を把握させる（DVD等視聴覚資料を活用して，米作りの全体像が分かるようにする。農作業の経験がない児童がほとんどであるため，見て学ぶ点を重視する）。
○主食である米の生産量の変化や米作り農家の努力等から，学習課題を考える。
△クループで取り組ませてもよい。

2 つかむ（1）
○調べ方・農作業カレンダー作成に必要なことを確認する。
・「調べ方」①課題の設定とその理由，②解決への見通し・学習計画作成，③情報源を探す（図書館資料・ICT等），④情報を集める，⑤情報を整理，⑥まとめる（課題解決），⑦発信（振り返り）
・情報カード等の記入の仕方を確認する。
・複数の資料を活用する。
●学校司書から図書館資料の紹介を聞く。
　また，年鑑の使い方とグラフ等の単位に注意して見る等の注意点を聞く。
・学習計画を立てる。
・自分の課題解決に必要な資料を探す。

————1，2を1時間で————

☆カレンダーは模造紙一枚とするか，A3用紙とする。（形式を決める）

| 全体構想図 | 「米作りのさかんな庄内平野」の学習から調べたことを，お米カレンダーにまとめよう（※実際には，農作業欄は小さく，努力・まとめ欄を拡大するとよい）。 |

月	～3月	～4月	～5月	～6月	～7月	～8月	～9月	～10月
農作業	土づくり　種もみの準備	しろかき　田おこし　種もみをまく	田植え　苗育て	草取り　水の管理	生育調査　農薬　肥料　（中ぼし）		稲刈り　水の管理　水をぬく	脱穀
機械								
努力								
まとめ	※調べて分かったことの中から，季節ごとのまとめを記入							

3 調べる（1）
○テーマに応じた図書館資料2～3冊を読みながら，大切なところに付箋紙を貼る（付箋紙にメモ・一言コメント）。
●付箋紙を読み返し，カードに書き抜く。
※引用と要約を区別させる。
●百科事典の場合は，その項目のはじめに書かれている「定義」の部分は必ず書くこと（引用）。
　後は，その後に続く文章の大切な点を短く書く（要約）。
※図表や写真の有用性に気付かせる。
○季節や気候の変化に着目させ，農業機械が必要な理由に気付くようにする。
●この段階で足りない情報がないかどうか，必ず確かめる。
4 調べる（1）
○調べたことを季節・月別に分ける。
・課題解決につながるか判断し，さらに調べることがないか考える。
●課題設定の理由から，考える。
○季節・月別にわけた情報カードから，分かったことを書き出す。

●分かったことが課題解決になっているか,再度判断させる。
※分かったことは1つではないし,それで十分とは限らない。
○分かったことから,努力・まとめを書く。また,使う機械も記入。

5　まとめる(1)
○カードを全て並べ,付け足すことがないか確認する。
※調べたことから,結論を書く。
○自分の考えや分かったことが,伝わるか考え,カレンダーを作る。
●なぜ,そのことを調べたいと思ったのか,何をどうやってどのような順序で調べたのか,その結果として何が分かったのか,そしてそこから自分で考えたこと・思ったことはどんなことか,自分の言葉で書くようにさせる。
※次の課題に発展させるために,上記の視点は必要。
●年鑑から米の生産量・作付け面積・収入の変化等から考えさせる。
6　まとめる(1)
○分かりやすくするために,短い文章で書く。また,図表・写真　等が必要か確かめる。
●根拠が分かりやすいか,助言する。
○月別に,又は月をまたいで作業することに対応しているか,確かめる。
●生産量と収入を増やすために,どうしているかの視点が大切であることに気付かせる(年鑑も活用)。
※出来た児童から,発表するためのメモを作成させる。

7　伝え合う(1)
○必要な修正を加える。見出しは目立つようにする。
●発表メモを読み直す。その際,(推敲)の視点をワークシート等で明示する。
　(意見の表し方)
△課題別グループで交流し,付け加えをさせていもよい。
・発表する一文が長い場合は,2〜3に分ける。
●見やすくなっているか,点検する。。
●事実と意見が区別して書かれているか結論・まとめが分かりやすくなっているか。
○発表する準備をさせる。
8　伝え合う(1)
○自分の考え・まとめ・提案等が根拠を含めて明確になっているかメモを確かめる。
○カレンダー発表会をする。
・考えや根拠に注意して聞くようにさせる。
●掲示したりして活用する。
―――7,8を1時間で指導する―――

4　指導資料(発表する際)

(1) カレンダー作成の前に

○絵や写真等・図表を見て,気付いたことを大切にする。

○一番大切だと思った点が伝えられているか読み返す。

●メモの視点としてもよい

●百科事典は基礎資料。ここで調べ終わりとしないように。ここで終わりの場合は,テーマが掘り下げられていないことにつながる。

①紙面の構成を考える。
②調べたことを，月別にどのように並べるか工夫する。
③見出しをつけたり，色を使い分ける。
④写真・絵・図表が必要か，考える。
⑤また，図表や写真をどこで・どのように使うか。
- 全体を通して分かったことが明確に伝わるようにする。
- 効率の良い米作り（生産性の向上）に必要な点に触れているか，見直しをさせる。

(2) 発表メモ

①私は【　　】について，調べたことを発表します。（課題・テーマ）

②調べた理由は，【　　】からです。（動機・理由）

③私は，【　　】で調べました。（方法）

④調べて分かったことは，【　　】つあります。（結果）

　・1つめは……，2つめは……，3つめは……

⑤私は，調べてみて，【　　】だと考えました。（考察）

⑥最後に，この学習をして感じたことは【　　】です。

　※結果・考察・感想を意識させ区別するために⑥を導入した。（意識的に使い分けできていればカット）

⑦何か，質問はありませんか？（質疑応答）

⑧これで，私の発表を終わります。

　※天候の変化（長期予想）と農作業の予定の変更など努力や工夫が押さえられているか確認する。

9　広がる読書（5年）　　　　　　　　　　　　　　　　　　　　7月指導

○国語教科書の「読書案内や本の紹介」を読み，本の紹介を聞き，友達について考える本を選んで読書の範囲と質を高める。

1　ねらい
○友達・友情を中心にした本を選び進んで読もうとする。
○興味・関心に応じながら，読書の範囲を広げ，他者に対する想像力を深めるとともに，自分のこれまでを振り返る。

2　学校司書と担任の連携ポイント
①児童が何に興味・関心を持ち，どのような本を読んできたか調べる。個に応じた適切な本を紹介できるよう綿密に打ち合わせる。
②どのように本を手渡すかの工夫を行う。特に，学校司書と十分打ち合わせて男子児童向きの本や，友情・生き方に関する本も紹介できるようにする。
③これまでの課題図書や区市で推薦(すいせん)されている本など，担任と学校司書が分担し工夫して案内し，興味・関心をもたせ，読書の幅を広げる。
④取り上げた本を保護者会等で紹介し，夏の家庭読書につなげる。
⑤この単元では，読書後の感想を求めず，十分に読む，本の世界に浸り込む時間を工夫して設定する。（朝・昼の休み時間の活用）
⑥読んだ本の書名・作者名・出版社・読了した日付等を記録させる。
※読む過程で，分からない言葉等を調べられるように，国語辞典・漢字辞典を用意する。
●<u>担任が推薦する本を複数，必ず準備し，紹介すること。</u>
※読書履歴の効果的な活用について，学校司書と検討を重ねる。

3　学習の流れ「2時間扱い・ただし，朝・昼読書等，読む時間を設定」
（○指導のポイント　●学校図書館利活用のポイント　☆交流のポイント　△指導形態・方法）

1　つかむ（1）
○「友だち」を読み，親友・友情について経験を顧みて想像してみる。
●学校司書と担任から，本の紹介を聞き，読みたい本を選ぶ（2ヶ所にわかれて紹介する）。
※7～8冊程度，紹介する。男子が興味関心を持ちそうな本を必ず入れること。
※ブックトラックを活用し，友だち・友情等に関する本を児童数の2倍程度用意する。
●紹介する本は，できれば複数揃えておく。
※時間内に紹介できない場合，図書リストを配布する。
2　つかむ（1）
○紹介された本を参考にして，読みたい本を選んで読む。

☆黒板（電子黒板・タブレットPC，例示は縦書きだが横書きも可）

　　　　　　　　　　　　　　　　　　　　　　　　　　全体構想図

紹介された本などをたくさん読もう

あまんさんの部屋
○友だちを読んで、本の紹介を聞こう
一　クマのプーさん
二　ふたりはともだち・シリーズ
三　シャーロットのおくりもの
四　みつばち
五　キャプテンはつらいぜ

読んだ本を記録しよう
書名
作者名
出版社
読み終えた日
○　○　○

友だちについて考える本を紹介しよう
○　○　○

※読む時間を保障する。少なくとも，20分程度は読む時間を設定する。
● 次々に本を取り替える児童への支援を行う。
※担任も支援しながら，「40〜50ページ読まないと，本の世界に入り込めない」点を指導する。
※その日のうちに，40〜50ページ読めるよう，休み時間等を活用する点に配慮し指導する。
―――①②を1時間で指導する―――

3　調べる（読む）（1）
○選んだ本の続きを読む。
　（この時間までにどれだけ読めたか，確認しておくこと）
※20分程度集中して読む。
※残りは，休み時間や家で読むようにすることを伝える。
● 読み始めて，本を取り替えたい，おもしろくないと児童が感じている場合は，再度よく話を聞き，支援する。
※国語辞典・漢字辞典を用意し，分からない言葉をすぐ調べられるようにする。

4　調べる（読む）（2）
○担任のおすすめ本の紹介を聞く。
※友だち・友情に関する本を事前に準備し，紹介の仕方を学校司書と相談して効果的な演出を行う。
○前時に紹介された本や担任の推薦本等を参考に，自分が読む本をリストアップし，夏の読書計画を立てる。
※児童が作成した読書計画は，保護者に伝え，家庭読書等の協力を依頼する。（紹介した本も伝える）
※夏休みに読む本の中から，読書感想文を書いてよいことも伝える。
● 休み時間等，読む時間に活用するよう配慮する。
―――③④を1時間で指導―――

4 学習指導要領　国語科・C 読むこと・文学的文章の読み

第1学年及び第2学年

○言語活動例
ア　事物の仕組みを説明した文章などを読み，分かったことや考えたことを述べる活動。
イ　読み聞かせを聞いたり物語を読んだりして，内容や感想などを伝え合ったり，演じたりする活動。
ウ　学校図書館などを利用し，図鑑や科学的なことについて書いた本などを読み，分かったことを説明する活動。

○構造と内容の把握
イ　場面の様子や登場人物の行動など，内容の大体を捉えること。

○精査解釈
エ　場面の様子に着目して，登場人物の行動を具体的に想像すること。

第3学年及び第4学年

○言語活動例
ア　記録や報告などの文章を読み，文章の一部を引用して，分かったことや考えたことを説明したり，意見を述べたりする活動。
イ　詩や物語などを読み，内容を説明したり，考えたことを伝え合ったりする活動。
ウ　学校図書館などを利用し，事典や図鑑などから情報を得て，分かったことなどをまとめて説明する活動。

○構造と内容の把握
イ　登場人物の行動や気持ちなどについて，叙述を基に捉えること。

○精査解釈
エ　登場人物の気持ちの変化や性格，場景について，場面の移り変わりと結び付けて具体的に想像すること。

第5学年及び第6学年

○言語活動例
ア　説明や解説などの文章を比較するなどして読み，分かったことや考えたことを，話し合ったり文章にまとめたりする活動。
イ　詩や物語，伝記などを読み，内容を説明したり，自分の生き方などについて考えたことを伝え合ったりする活動。
ウ　学校図書館などを利用し，複数の本や新聞などを活用して，調べたり考えたりしたことを報告する活動。

○構造と内容の把握
イ　登場人物の相互関係や心情などについて，描写を基に捉えること。
○精査解釈
エ　人物像や物語などの全体像を具体的に想像したり，表現の効果を考えたりすること。

中学校　第1学年
○言語活動例
ア　説明や記録などの文章を読み，理解したことや考えたことを報告したり文章にまとめたりする活動。
イ　小説や随筆などを読み，考えたことなどを記録したり伝え合ったりする活動。
ウ　学校図書館などを利用し，多様な情報を得て，考えたことなどを報告したり資料にまとめたりする活動。
○構造と内容の把握
イ　場面の展開や登場人物の相互関係，心情の変化などについて，描写を基に捉えること。
○精査解釈
エ　文章の構成や展開，表現の効果について，根拠を明確にして考えること。

5　読書のすすめ
適書を　適者に　適時に　薦める働きかけが大切
○担任が本の紹介をすると，興味関心を持つ児童が多い。
☆教科書等に出て来る本は，担任が紹介できるようにしよう。
☆読書に関しても個人差が拡がる時期であり，読書範囲を広げ読書の質を高める工夫が重要（説明文を重視する）。
○教科学習に応じて，興味関心を文学以外の分野にも広げる。
○発明発見・歴史・スポーツ・伝記・美術や音楽等の分野に広げる

10 調べる学習を進めよう（6年）「説得力のある意見」　　12月指導

○自分の意見や伝達したいことを明確にして，書く活動と交流活動を大切にする。

1　目　標
○書いたものを発表し合い，自分と相手の意見を比べて考えようとする。
○調べたことを根拠にして自分の考えを明確にし，事実と意見を区別して全体の構成を考え，文章を書く。

2　学校司書と担任の連携ポイント
①子どもが何を調べようとしているか，学校司書と事前に連携して把握し，個に応じた適切な図書館資料の提供ができるようにする。
②個々の興味・関心に応じた適時・適切な本を手渡すための工夫を行う。
③テーマを広げて絞り込むためのツール等を事前に準備するとともに，付箋紙の使い方等を分担して指導できるようにする。
④読書月間で，読書量を増やし読書の幅を広げるために，学校司書との連携を深めてこれまでの読書履歴を調べ，個別指導に活用する。
⑤おもしろい・不思議だ・詳しく知りたい場面を抜き書きしたり，付箋紙を活用したりするための準備・指導を協働して行う。
⑥分担して「文章構成表」の記入例を示したり，活用した文章の書き方について説明したりできるようにする。
⑦読む過程で，分からない言葉等を調べられるように，国語辞典・漢字辞典・百科事典や関連する資料等を用意しておく。
⑧日常的に本を手に取ることができるようにするために，公共図書館の団体貸出も含めてブックトラック等を活用して学級文庫を整備しておく。

3　学習の流れ「8時間扱い」
（○指導のポイント　●学校図書館利活用のポイント　☆交流のポイント　△指導形態・方法）

1　つかむ（1）
○関心のある事柄を集めたものから1つを選び，自分の想いや考えを広げる。
●ウェビングマップを使い，考えを広げ，絞る。
○課題設定の理由を書く。
●文章構成表の「はじめ」の欄に一文で書く。
2　つかむ（1）
○課題を解決するために必要な調べる項目を書き出す。
●課題解決に必要かどうかを吟味し，2つの観点から項目を絞る。

六年 【意見文】 文章構成表　名前

一　形式（800字）

構成	内容	文字数
一段落　はじめ	意見文の題材となる出来事について場面の様子を書く。	120字（6行）
二段落　なか1	題材について調べたことや経験を書く。自分の思いや考えは書かない。	240字（12行）
三段落　なか2	題材について調べたことや経験を書く。自分の思いや考えは書かない。	240字（12行）
四段落　おわり	場面の様子や調べたことについて、自分の思いや考えを書く。	200字（10行）

二　文章構成表

つなぎ言葉や文末表現を考えて書こう ◆かじょう書きにしよう

題名

はじめ
※時間的な順序に沿って書きましょう。会話文をはさむとより伝わりやすくなります。
文末表現の一例「〜ということがあった。」

なか1（事実・調べて分かったこと）
文末表現の一例「〜だ。〜である。」

なか2（事実・調べて分かったこと）
※「まず」「次に」「一つ目は」「二つ目は」等のつなぎ言葉を使うと分かりやすくなります。
文末表現の一例「〜だ。〜である。」

おわり
※これからの生活に生かすことを考えましょう。
文末表現の一例「〜と感じた。〜だと思う。」

- ●2つの項目を文章構成表の「中1」「中2」に書く。
- ○調べるための図書館資料に目印を付ける。
- ●図鑑、年鑑、百科事典など、それぞれの図書館資料の特徴を押さえる。

3　調べる（1）
- ○課題に合った図書館資料を選ぶ。
- ●付箋紙、情報カードを準備する。
- ○図書館資料を読みながら、必要なところに付箋紙を貼る。付箋紙に調べる項目の番号を書く。
- ●付箋紙を読み返して情報カードに書く。
  - ・引用と要約を区別させる。
  - ・図表や写真の有用性に気付かせる。
  - ・数値で表せるものは入れさせる。
  - ・短い文章で記入させる。
  - ・1枚のカードに一つの情報だけ書かせる。

4　調べる（1）
- ○情報を整理し、必要な情報をまとめる。
- ●まとめカードを準備する。
- ●情報カードから、課題に合わないものを抜いたり、足りない事柄を調べ直したりする。
  - ・事実を裏付けるデータや理由が明確でなかったら、再度調べる。
- ●関連する情報カードを、まとめカードにまとめる。

5　まとめる（1）
- ○情報カードとまとめカードを並べて、書く順番を決める。
- ○調べて分かったことを結論付ける。

- 文章構成表の「中1」「中2」に書く。
  - 文末は「〜だ。」「〜である。」にする。
  - 結論のみを一文にする。
○ 文章構成表に調べた課題に対する自分の意見を書く。
- 文章構成表の「おわり」に，1〜2文で書く。
  - 課題からずれないようにする。
  - 事実と関連付けて書けるようにする。

6　まとめる（1）

○ 文章構成表とまとめカードを基に，「はじめ」「中1」「中2」「おわり」を書く。
　「はじめ」……120字以内（6行）
　「中1」………240字以内（12行）
　「中2」………240字以内（12行）
　「おわり」……120字以内（6行）
- 「中1」「中2」には，調べたことや体験のみを書く。自分の意見や感想は書かない。
- どこから書き始めてもよいとし，取り組みやすくする。
○ つなぎ言葉を入れて，一つの意見文にする。
・「まず」「次に」
・「一つ目は」「二つ目は」　など

7　伝え合う（1）

○ 正しい文章構成になっているかを確かめる。
☆ グループで読み合い，文章構成や表現についての気付きを付箋紙に書いて伝え合う。
・「中1」「中2」が，思いや考えの根拠としてふさわしいかを考える。
- 事実と意見が混同していないか，理由が明確になっているかを確認させる。
△ 文章構成を確認しながら段落に気を付けて清書する。

8　伝え合う（1）

☆ グループで読み合い感想を交流する。
☆ 付箋紙を活用して互いの意見文のよいところについて感想を交流し，自分の考えを深められるようにする。
・友達の思いや考えについて，自分の考えを書く。
○ 文章構成と文章表現についてと，内容についてで付箋紙の色を分ける。
☆ 違う題材で書かれた意見文ごとにグループを作り，交流させる。
☆ 各グループでよかった作品を選び，全体で発表して意見を交換する。

4　指導資料

(1) 文例の活用

①問いかける

　「みなさんは，どう思いますか」

　「みなさんは，このような体験をしたことはありませんか」

②理由を述べる

　「なぜかというと，〜だからである」

　「その理由は，〜だ」

③例をあげる

「例えば〜」

④反対の意見を予想して自分の考えを述べる

「例えば，〜という考えがあるかもしれないが〜」

「一方，〜と考える人がいるかもしれないが〜」

⑤呼びかける

「〜しよう」「〜しませんか」

(2) 読み取る視点・聞き取る視点

①自分の考えと似ているところ，違うところ

②自分の疑問への答えがあるかどうか

③知りたいことと関連するところ

④事実・事例が示されているところ

⑤何故？ふしぎだなと思ったところ

⑥初めて知ったというところ

⑦調べて気付いた点や考えが深まった点

⑧自分の考えに根拠・理由を付けて明確にしているか

⑨もっと知りたい，続きは？というところ

⑩真似したいなと思うところや提案したい点

※できる限り，理由・根拠を付ける。

○絵・写真・図表等を見て，気付いたことも加えてよい。

○一番大切だと思った点が伝えられているかを読み返す。

- メモの視点としてもよい
- 百科事典は基礎資料。ここで調べ終わりとしないように。ここで終わりの場合は，テーマが掘り下げられていないことにつながる。

(3) 意見文の構成

①結論

②事実①（根拠）──┐　「自分の考え・反対の意見を予想した自分の考え」としてもよい。そ

③事実②（根拠）──┘　の場合は，事実がこの後に。

④自分の考え・反対の意見を予想した自分の考え。

⑤まとめと提案・願い。

- 段落と段落のつなぎ方に注意させる。（つなぎ言葉）
- 事実「〜だ。〜だった」。考え「〜と考える。〜だろう。〜ではないでしょうか」。文末表現に注意。

(4) 書き出しの工夫

●書き出しの3～5行が極めて重要

①自分の考え・調べたことを体験を加え，書き始める。

②結論から書き出す。

③体験やTV・新聞等で話題になっていることから。

※自分の体験・家族の会話から。

※調べた本の文章から。

※自分の感想・考えを理由を含めて明確にさせておく。

【終わり・結び】

○まず，調べて分かったこと・大切なこと。次に今後の目標や提案・願いを書く。

11　歴史年表の指導（6年・社会科）　　5～6月指導

- ○年表に関心をもたせ，図書館資料・資料集と教科書を活用し，関連する事柄を整理しておくよう指導しておく。
- ☆社会科教科書各単元のその時代や人物の年表を繰り返し取り立てて指導し，常に現代からどの程度前の事柄・出来事か意識させる。

1　目　標
- ○年表の役割や見方を知り，年表を読み取る力を高めようとする。
- ○年表から，各時代や人物について課題をもち，時代の出来事との関連やその人物の果たした役割について調べようとしている。

2　学校司書と担任の連携ポイント
①学習する時代・人物に関連する資料をできる限り収集する。
②年表の読み取り方に関するワークシートを協働して作成する。
　（歴史年表全体及び各時代の年表読み取りに関するワークシート）
③年表等の見方・使い方について，分担して指導・支援できるように打ち合わせを深め，伝記・地図等を準備する。
④歴史新聞等，学習をまとめる際の参考となる資料を展示・指導することにより，興味・関心と意欲をもたせる。
⑤テーマをもって図書館資料で調べることに興味・関心をもたせ，テーマを絞り込む方法や調べる計画作成・まとめ方の資料を準備する。
※読む過程で，分からない言葉等を調べられるように，国語辞典・漢字辞典・百科事典や関連する資料等を用意しておく。
※調べるテーマの範囲を限定する。（図書館資料が不足する場合）
※「伝記」は，複数用意すること。

3　学習の流れ「2時間扱い」（後は各時代ごとに指導）
　　（○指導のポイント　●学校図書館利活用のポイント　☆交流のポイント　△指導形態・方法）

> 1　つかむ
> ○教科書〈まなび方コーナー〉「年表を読み取る」を活用して，年表の見方を知る。
> ●「西暦」「世紀」「時代」「等尺年表」について，確実に指導する。
> ※教科書には，現代から見ておよそ何年前か記載しているので，この視点も大切に指導すること（時代感覚の基礎となる）。
> ●教科書巻末の年表には，現代から見ておよそ何年前かの記載がなく，関連する写真に関しての記載が年表にない場合がある点に注意すること。

```
☆黒板（電子黒板・タブレット PC，例示は横書きだが縦書きも可）

┌─────────────┐
│ 年表ってなーに？ │……その時代の大きな出来事・人物・文化等について，時代・年月順に示したもの。
└─────────────┘

┌─────────┐    ┌────────────────────┐
│ 西暦とは？ │────│                    │
└─────────┘    └────────────────────┘

┌─────────┐    ┌────────────────────┐
│ 世紀とは？ │────│                    │
└─────────┘    └────────────────────┘

┌─────────┐    ┌────────────────────┐
│ 時代とは？ │────│                    │
└─────────┘    └────────────────────┘

┌─────────────┐  ┌────────────────────┐
│ 等尺年表とは？ │──│                    │
└─────────────┘  └────────────────────┘
```

教科書・資料集・図書館資料（伝記等）の年表で確かめよう。

○今から何年前なのか，確かめよう。
※出来事のつながりに注意

聖徳太子の政治と大化の改新について，年表をつくって調べよう。

※年表にある「世界の主な出来事」は各時代の学習で取り上げること。

2　調べる
○課題作りについては，太陽チャートで視点を広げ，「の」を付けた課題焦点化や3点決めなどで，課題を絞り込む（予想する・計画を立てる）。
※「聖徳太子の国づくり」を取り上げる。
●課題は「〜について」や「十七条憲法」等ではなく，できるだけ文章で表記させる。
※課題が決まったら，そのことに関して，まず教科書・百科事典・資料集・図書館資料で基本的な事項を調べさせる。その中からも，関連する課題を見つけ調べさせる。
●「年表」の指導場面なので，「年表」を中心に関連する事柄等をまとめるよう提示する。
―――――1,2を1時間で指導する―――――

3　まとめる
☆課題別グループを構成し，調べたことを情報交換させながら，調べさせる。
○課題に関する図書館資料・情報ファイル・資料集・教科書を探し，課題解決につながる情報を調べる。
○情報カードに，調べたことを書き込む（1項目につき，1枚のカード）。
☆調べる過程で，課題に関連する情報について，互いに知らせ合う「情報交換タイム」を設定する。
●まず，調べる事柄に関する歴史上の事実を年表に記入させること。

4　伝え合う
○年鑑・統計資料・地図・伝記及びその他の情報源からも調べる。
●情報カードを，関連する項目ごとに並べ，不足している情報がないか確かめさせる。
☆「情報交換タイム」も設定する。
○集めた情報から，大切な情報の順に並べて，小見出しを付けてまとめる。
●いつ・誰が・何を・どうしたか・それはなぜかを意識させること。

○作成された年表を見せ合い，自分に必要な追加を行う。
※歴史学習では，その時代の移り変わりやその時代の前後を大きく眺める年表の重要性に気付かせる。
―――3,4を1時間で指導―――

【各時代の学習における年表活用の指導上の参考（年表中心）※取り上げた時代以外にも応用】
○教科書を確実に読み取らせること。
奈良時代
○教科書の絵（写真）から，予想し，学習課題をつくる。（仮の課題）
・建物・服装・大仏の様子に着目。
・「大仏」について，教科書等で調べる。
・年表を参照して，この時代の主な出来事について調べ関連する点を整理する。
※「世界の主な出来事」について，関連する事柄を教科書等で調べる。
○以上を踏まえて，課題と学習計画を作成する。
※まとめ方を提示する。
● 指導時間数との関係で，奈良時代の時数を削減する場合は，4指導資料（3）資料のように，年表を作成し，「なぜ・どうなったか」まとめさせる。

鎌倉時代
○教科書を読み，この時代の大体の出来事を知る（現代から何年前か）。
※地図や写真の意味・出来事を年表に追加させる。
※（児童が購入している）資料集を読み，教科書と比べ，さらに詳しく調べたいことを見つけさせる。
● 平清盛・源頼朝・北条時宗の伝記は必ず用意する。
● 教科書・資料集の写真・絵・地図に着目し，それらを年表に位置付ける（年表に追記させ，この時代の流れを把握させる）。
○作成した年表・教科書・資料集から，調べたいことを決める。
△人物を調べる場合は，グループで調べさせてもよい。

3人の武将
※児童が興味・関心をもつ時代であるからこそ，児童一人一人に課題をもたせて調べる楽しさを味わわせる。
〈戦国時代から江戸幕府へ〉
※信長・秀吉・家康以外の人物でもよいが，江戸幕府樹立に至る時代が捉えられるよう配慮すること。
○1540年頃～1615年頃にかけての年表を作成する。（下記の4指導資料（3）参照．ただし，人物の年表は，課題の決定後に作成することも可能。教科書参照）
※この時代から，特に「世界の主な出来事」を意識的に取り扱うこと。
○調べたい人物を決め，時代の出来事とその人物の誕生から死去までを年表に記入しながら，図書館資料等で課題を解決する。（人物相互の関係に注意）

江戸時代
※ここでは，1700年頃から1850年頃までの，町人文化と学問の発展等に絞って取り上げる。（開国から明治維新につながるものとして）
○町や建物・人々と交通の様子，この時代の文化と学問に着目して，教科書を読む。
※この時代の文化・学問等を発展させた人々について，教科書・百科事典で調べる。
○調べた人物の中から，さらに調べたい人物を決め，伝記等図書館資料を活用して調べる。
・調べたことから，この時代の年表に追加記入させる。（関連する事柄や世界の出来事にも注意させる。）

4 指導資料

(1) 課題の作り方

①太陽チャート 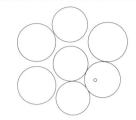　　②「の」の字を付ける。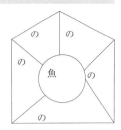

③分類整理・関連付ける
- ベン図
- ピラミッドチャート
  （くま手チャート）

(2) 歴史新聞の構成・記事をまとめる視点

①新聞のように

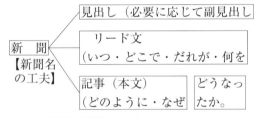

※年表・地図の配置を工夫
- 年表は必ず記載させる。

②新聞記事
- まず，調べたこと（情報カード）から関連することを並べ，まとめる。
- ひとまとまりの情報カードから，さらに詳しく調べる必要があるかを判断する。
- 調べたことから，まず結論を書く。
- その後で，細かな情報について説明する。
- ひとまとまりの記事から，見出しを作る。

※見出しは，一番大切だと考えたことを。
- リード文は，その記事の要約から作る。

※写真・地図等が必要か判断する。

(3) 年表作成（人物と関連させる。原因と結果は右に欄を設定）

○例示・鎌倉時代

年	出来事・人物・世界
1167	平清盛，太政大臣となる
	※厳島神社
1185	壇ノ浦の戦いで平氏が滅びる
1192	源頼朝，征夷大将軍となる
	1147・源頼朝，誕生
	1159・平治の乱，平氏に敗れる
	1160・伊豆に流される
	1180・挙兵
	1185・壇ノ浦で平氏をほろぼす
	（源義経）
	・守護，地頭を置く
	1188・義経をうつことを命じる
	1192・征夷大将軍になる
	1199・死去
1221	承久の乱
1235	モンゴルが高麗を従える
1271	モンゴルが国名を「元」とする
1274	元寇
1281	元寇
1333	鎌倉幕府がほろびる

※頼朝の年表を加え，さらに調べさせて追加記入させる。

　（例：1160年〜1192年をさらに調べさせ，追加）

※北条時宗の年表を挿入。

● この基礎作業の上で，課題を追究させる。

12 伝記を読もう（6年）　　　　　　　　　　　　　　　　　　　　　7月指導

○国語教科書の「読書案内や本の紹介」で紹介されている本等，「いのち」について考える本を選んで読書の範囲と質を高める。

1 ねらい
○「いのち」や生き方を中心にした本を選び進んで読もうとする。
○興味・関心に応じながら，読書の質を高め，自分の生き方を見つめ，自他ともに大切にしようとする心情を養う。

2 学校司書と担任の連携ポイント
①5年で紹介した本と比較したり，5年生でどのような本を読んできたか調べておき，学級の現在の読書レベルがどの程度なのか，十分に検討しておく必要がある。
②どのように本を手渡すかの工夫を行う。特に，読書案内や本の紹介コーナーで紹介されている本は質的に高い内容が多いため，学校司書と十分打ち合わせて幾つかの段階・レベルを想定して紹介できるようにする。
③卒業までの学習内容を想定し，読書の質を高める第一歩としてこの単元を位置付け，読書計画を立てて計画的に取り組むようにさせる（興味・関心をもたせ，読書の幅を広げることも併せて指導する）。
④保護者会等で取り上げた本を紹介し，夏の家庭読書につなげる。
⑤この単元では，読書後の感想を求めず，十分に読む，本の世界に浸り込む時間を工夫して設定する。（朝・昼の休み時間の活用）
⑥読んだ本の書名・作者名・出版社・読了した日付等を記録させる。
※読む過程で，分からない言葉等を調べられるように，国語辞典・漢字辞典を用意する。
●担任が推薦する本を複数・必ず準備し，紹介すること。
※読書履歴の効果的な活用について，学校司書と検討。推薦図書リストを作成する。

☆黒板（電子黒板・タブレットPC，例示は横書きだが縦書きも可）
〈卒業までの読書計画〉（タイトルは学級の文化に応じて自由に）
※最終日，3月の貸出停止日を必ず明記する。※読書計画表は，例示です。（変更してよい）
※「30冊読んで，読書体力をつけるぞ」等，個人目標を入れるのもよい。
●夏休み明け，10月読書月間や冬休み前に，中間表彰（賞状用意）して意欲を継続させる。

書　名	著者名	出版社	開始日／読了日	読む順番	一言コメント	担任印
			／			
			／			
			／			
			／			
			／			
			／			
			／			
			／			

3　学習の流れ「2時間扱い，ただし，朝・昼読書等，読む時間を設定」
（○指導のポイント　●学校図書館利活用のポイント　☆交流のポイント　△指導形態・方法）

1　つかむ（1）
○宮沢賢治の紹介を聞き，「いのち」（教材文）を読む。
●宮沢賢治の紹介は，学校司書又は担任が行う。紹介内容と教材文内容が違っていてよい。
※感想は一人ひとり異なっていてよいことを伝える。キーワードは，教材文中の「大好き」。
○「卒業までに『大好きな本』を見付け読み通そう。」「読書計画を立てて，計画的に読み，読書体力をつけよう」
●紹介する本は，できれば複数揃えておく。

2　つかむ（1）
○学校司書が本を紹介し，自分が読みたい本の見当を付ける。
※ブックトラック（2台）にある本から，紹介された本等を実際に本を手に取り，読みたい本を選ぶ（ここで時間を10分程度取る）。
〈第1回　選書タイム〉
●選書中，担任と学校司書は，児童の相談に応じ，必要な支援を行う。
○ワークシート「卒業までの読書計画」に，選んだ本等を記入する。
―――1,2を1時間で指導する―――

3　調べる（読む）（1）
○担任のおすすめ本の紹介を聞く。（担任は3〜4冊紹介する）
●学校司書がブックリストの説明を行う。
　（読書範囲を広げ，読書の質を高め，読み通すことが，読書体力を育てる）

〈第2回　選書タイム〉
※10分程度時間を取り，本を手にとって選書する。
※選書中，担任・学校司書は個別支援を行う。
●学校司書は前時の反応から，担任の意向も聞き，ブックトラック内の本を入れ替えたり増やしたりしておく
4　調べる（読む）(1)
○「卒業への読書計画」に，これから自分が読み進める本を記入する。
※どの順序で読み進めるとよいか，机間巡視しながら支援する（担任と学校司書）。
○計画ができた児童から，最初に読む本を読み始める。
○読み始めた日と読み終えた日の記入等，必要事項を確認する。計画変更やその他の相談に応ずる点を伝える

──── 3，4を1時間で指導する ────

4　ブックリスト（書名・著者名のみ）

（例示・各校で工夫すること，ただし，伝記・自然科学・歴史等も盛り込むこと。）※第一期〜第四期は，段階ではない。

第一期

- 『風の又三郎』宮沢賢治
- 『ムギと王さま』ファージョン
- 『森のいのち』小寺卓矢
- 『なくしてしまった魔法の時間』安房直子
- 『トムは真夜中の庭で』ピアス
- 『12歳たちの伝説』後藤竜二
- 『ライオンと魔女』ルイス
- 『チョコレート工場の秘密』ロアルドダール
- 『天のシーソー』安東みきえ
- 『カモメに跳ぶことを教えた猫』ルイス・セプルベダ
- 『いっぽんの鉛筆のむこうに』谷川俊太郎
- 『杉浦千畝物語』杉原幸子
- 『富士山うたごよみ』俵万智
- 『サンゴの海』長島敏春
- 『漁師さんの森づくり』畠山重篤

第二期

- 『ぬすまれた月』和田誠
- 『土のコレクション』栗田宏一
- 『ダーウィンのミミズの研究』新妻昭夫
- 『明けない夜はないから』たかはしあきら
- 『川は生きている』富山和子
- 『わたしのカラス研究』柴田佳秀
- 『冒険者たち』齋藤惇夫
- 『星の王子さま』サン・テグジュベリ
- 『三銃士』デュマ
- 『シャーロックホームズの冒険』ドイル
- 『日本霊異記』水上勉
- 『ファーブルの昆虫記』ファーブル
- 『イワンのばか』トルストイ
- 『第九軍団のワシ』サトクリフ
- 『モモ』ミヒャエル　エンデ
- 『土の中からでてきたよ』小川忠博
- 『十二歳』椰月美智子
- 『樹液をめぐる昆虫たち』矢島稔

第三期

- 『長い冬』ローラインガルスワイルダー
- 『海底二万里』ヴェルヌ

- 『アンネの日記』アンネフランク
- 『かえでの葉っぱ』スコヴァー
- 『アフガニスタンの少女マジャン』長倉洋海
- 『だれも知らない小さな国』シリーズ　佐藤さとる
- 『わらいうさぎ』今江祥智
- 『しかられた神さま』川崎洋
- 『三国志』
- 『フングリコングリ』岡田淳

〈岡田淳の作品をもう一点入れること〉

- 『北極熊ナヌーク』ニコラ・ディビス
- 『晴れた日は図書館へいこう』緑川誠司
- 『考える練習をしよう』マリリン・バーンズ
- 『地球の声に耳をすませて』大木聖子
- 『月のえくぼを見た男・麻田剛立』鹿毛敏夫
- 『0.1ミリのタイムマシン』須藤齋

第四期

- 『西遊記』呉承恩
- 『世界を動かした塩の物語』カーランスキー
- 『兎の眼』・『太陽の子』灰谷健次郎
- 『エーミールと探偵たち』ケストナー
- 『なおこ，宇宙飛行士になる』山崎直子
- 『おれがあいつであいつがおれで』山中　恒
- 『五感の力でバリアをこえる』成松一郎
- 『キュリー夫人』ドーリィ
- 『優しさごっこ』今江祥智
- 『せいめいのれきし』バートン
- 『ヨーンじいちゃん』ヘルトリング
- 『世界一おいしい火山の本』林信太郎
- 『きまぐれロボット』星　新一
- 『能・狂言』別役実・谷川俊太郎

〈スポーツ選手・作曲家・画家・学者・歴史上の人物等の伝記を5～6冊選定する〉

学校図書館利活用シリーズ2
自ら深く考える学びの指導手引き

2019年7月25日　第1版第1刷発行

編著者	押上　武文
	小川　博規
発行者	田中　千津子
発行所	㈱学文社

郵便番号　153-0064　東京都目黒区下目黒3-6-1
電話（03）3715-1501（代表）　振替　00130-9-98842
http://www.gakubunsha.com

乱丁・落丁本は，本社にてお取替え致します。　印刷／新灯印刷株式会社
定価は，カバー，売上カードに表示してあります。　〈検印省略〉
©2019 OSHIAGE Takefumi & OGAWA Hironori　Printed in Japan

ISBN978-4-7620-2919-6

学校図書館利活用シリーズ 1

広く深い学びをすべての子どもに

SCHOOL LIBRARY

B5判/並製　160頁
定価（本体2200円+税）
ISBN:978-4-7620-2918-9

押上武文
小川博規
【編著】

学校における教育課程の具体的な展開の充実を図るため,学校図書館の利活用を生かし,児童の主体的・対話的で深い学びの実現に向けた授業改善を目指し,実践的に提示する。

各学年についての指導事例と学校司書の教育的支援を掲載。

第1章　低学年─読むことに親しむ─
Ⅰ　低学年の指導
Ⅱ　指導事例
1　読書感想文を書こう(1年)
　　　(1年)学校司書の教育的支援
2　調べる学習にチャレンジしよう(1年)
3　調べる学習にチャレンジしよう(1年)
　　　(1年)学校司書の教育的支援
4　手紙文を書こう(1年)
　　　(1年)学校司書の教育的支援
5　小論文を書こう(1年)
　　　(1年)学校司書の教育的支援
6　読書感想文を書こう(2年)
　　　(2年)学校司書の教育的支援
7　調べる学習をしよう(2年)
　　　(2年)学校司書の教育的支援
8　手紙文を書こう(2年)
　　　(2年)学校司書の教育的支援
9　小論文を書こう(2年)
　　　(2年)学校司書の教育的支援

第2章　中学年─読む力を確かに─
Ⅰ　中学年の指導
Ⅱ　指導事例
1　読書感想文を書こう(3年)
　　　(3・4年)学校司書の教育的支援
2　調べる学習をしよう(3年)
　　　(3・4年)学校司書の教育的支援
3　手紙文(読書感想)指導(3年)
4　小論文を書こう(3年)
　　　(3・4年)学校司書の教育的支援
5　読書感想文を書こう(4年)
6　小論文を書こう(4年)

第3章　高学年─読みを広げ深める─
Ⅰ　高学年の指導
Ⅱ　指導事例
1　読書感想文を書こう(5年)
　　　(5・6年)学校司書の教育的支援
2　調べる学習を進めよう(5年)
　　　(5・6年)学校司書の教育的支援
3　小論文を書こう(5年)「メディアについて考える」
　　　(5・6年)学校司書の教育的支援
4　読書感想文を書こう(6年)
5　調べる学習を進めよう(6年)
6　小論文を書こう(6年)「自由な発想で」
7　小論文を書こう(6年)

資料
1　教育関係の主な法規〈抜粋〉
2　小学校学習指導要領・主たる図書館関係法規〈抜粋〉